読書の教科書

精読のすすめ

渡辺知明 著

芸術新聞社

読書の教科書

はじめに

人はなぜ本を読むのでしょうか。生きているから本を読むのです。それは、自己と環境とを知るためです。動物ならば、周囲の環境に直接向き合って感覚で反応します。それに対して、人間はコトバを使って考えることで、ものごとに距離をおいて関心をもつことができます。それは、人と人との関係、家庭、社会、さらに世界にまで広がります。それは、感覚では捉えられない世界です。

本には、人間と人間を取り巻く世界がコトバのかたちとして明確に表現されています。人間の意識を抜きにしたコトバはありません。本を読むことによって、人間は自らとのかかわりで世界をとらえることができます。本を読むということは、単に外を見ることではありません。外から情報を取り入れることでもありません。いま生きている自分自身の内側を見つめることによって世界を発見するのです。

●「精読」という読書法

それでは、どんな読書法があるでしょうか。わたしたちが学校で習った本の読み方は「三読法」です。「通読」「精読」「味読」という三段階で文章を読むのが原則です。その中から、おとなが受け継いでいるのはもっぱら「通読」です。現代社会で流行している「速読」は「多読」を目指した「通読」です。「精読」は、各種の試験問題を解くための手段となりました。「味読」は、「精読」を前提にするものです。「通読」からの「味読」では読書の楽しみも貧しいものになるでしょう。

この本では「精読」に焦点を当てました。わたしは読書を食事にたとえて考えます。理想の食事は、よい食材を自ら選んで、自ら調理して、自分の好みの味つけをして、よく噛んで味わいながら食べることです。そうして摂取された食物が自身の肉体の細胞を生成します。読書においても同じように、よい書物を選んで、文章を文に切り分けて、一文一文の意味を解きながら、その意味を理解することによって精神が生き生きしてきます。

●文と文章を読む

読書というと、もっぱら本が問題にされています。では、本を読むというのは、本の何を読むことなのでしょうか。単純なことです。本に書かれた文章を読むのです。文章とは一文一文の意味のつながりです。ですから、本の読み方とは、文章の読み方であり、文の読み方なのです。つまり「精読」です。ところが、そんな重要なことが、これまでの読書論では十分に語られていません。

一般の読書論では、本の内容を要約して語ることに重点が置かれています。本を外側からながめてボーっと読んでいるようです。実際の読書の方法や技術などについてはアイマイなままです。この本の目指すことは、もしかして書物が滅びるのではないかと思われる時代において、本が読みたくなる人、本を味わえる人、本が日々の糧となる人、そんな人たちが増えることです。そして、そんな読者に支えられて、出版される本の質が高まっていくことです。

●本書の読み方

この本の内容は、読書論、読書法、読書術という三つの分野にわたっています。全体は四部構成で、第一部は「読書論」です。読書とは何か、何を読むのかという根本について考えました。第二部は、文の読み方です。文章は一文から始まります。一文の内部にも論理の組み立てがあります。第三部は、ごく短い文章の読解法です。本の一部からでも本の全体を見通すための読み方です。日本国憲法「前文」、ジョージ・オーウェルの小説『一九八四年』の付録「ニュースピークの諸原理」、若山牧水の紀行文、ニーチェの書いた原因論、スペインの哲学者オルテガの芸術論などを例にして、文章のかたちとともに意味を読み取る方法を示しました。第四部には「読書の『道具箱』」と称して、読書に役立つさまざまな「道具」を取りそろえました。さまざまな読書の場面に応じて使えそうな「道具」を選んで使いこなしてください。

最後に、わたしのコトバ勉強の恩師・大久保忠利のスローガンをあげておきます。

実行が実力を生む！
コトバの力は生きる力
コトバは一生かかって磨くもの

はじめに 2

第1部 読書とは何か 11

01 本の読み方のいろいろ――精読のすすめ 12
02 読書とは何か 18
03 読書の楽しみはどういうものか――実用の読書、娯楽の読書 24
04 読書とアタマのはたらき――「コトバのアミ」と読書 30
05 本とは何か――何を読むのか 36
06 本の種類と読み方のちがい――四つの読書法 42
07 黙読か、音読か 48
08 いつ、どこで、だれが 54

第2部 基礎編 文を読む 61

01 ダイ・ドドナ・ドドナの読み取り 62

02 文の区切り方――「首」と「くさび」 68
03 「単位文」と文の組み立て――重文と複文 76
04 主部と述部との読み取り――中島敦「山月記」 82
05 項目の読み取り――エミール・ファゲ『読書術』 88
06 文を声に出して「読む」――室生犀星「女ひと」 94
07 翻訳本を添削して読む――S・K・ランガー『芸術とは何か』 100
08 文章展開のちがいを読み分ける――文章展開の四種類 106

第3部 応用編 文章を読む

113
01 日本国憲法「前文」を読む――文構造の読み取り 114
02 文章表現の読み取り――「ニュースピーク」の原理 124
03 文学文への想像力――若山牧水の紀行文 134
04 比較・対象の読み取り――二種類の「原因」とは 144
05 文章の展開の読み方――オルテガ「芸術の非人間化」 154

第4部 読書の「道具箱」 165
01 読書のための印つけのポイント 166
02 ページへの印つけ 172
03 索引のつくり方 176
04 指と定規で本を読む 180
05 「しおりメモ」を使う 184
06 音読のリズム――2音ないし3音区切り 188
07 接続語の論理のはたらき――十一通りの接続語 192
08 短い論理語の読み方――並列の接続語のはたらき 196
09 読書のためのカテゴリー――文章理解のものさし 200
10 コトバとコトバを考える――六通りの相互関係 204
11 読書の速度を測定する 208
12 読書能力とはなにか――読書能力のレベル 212

コラム

1 「○読」のいろいろ 60
2 学校文法と読解の文法 75
3 愛書家による書物の扱い方 112
4 読書データと音声認識ソフト 164

あとがき 216
参考にした文献・引用文献 219
索引 220

第1部

読書とは何か

01

本の読み方のいろいろ——精読のすすめ

1 学校で教えられた読書法

わたしたちは本を読むことをどこで教わったのでしょうか。おそらく学校の国語の授業からもっとも多く学んだことでしょう。

しかし、学校の授業は本そのものの読み方というよりも、文章の読み方を教えるのです。たしかに、本は文章で書かれていますから、文章を読むことは本を読むことになります。しかし、それとは別の本の読み方も学ぶ必要があります。

たいていの人が本の読み方については、学校の授業以外のところで自分なりに身につけてきたのだと思います。それでも、学校の授業で学んだ文章の読み方で本を読んでいるのだと思います。それはどのような読み方なのでしょうか。

学校の国語の授業で行われる読書法は次の三通りです。授業でもこの順序で文章を読んでいくのが原則です。

(1) 通読
(2) 精読
(3) 味読

最初に文章の全体を通して読んでしまうのが「通読」です。先生に指名された生徒が交代で音読していくのをほかの生徒は聴いています。それが終わると、文章の最初に戻って、段落ごとに分けて順序どおりに細かくていねいに読んでいきます。これが「精読」です。最後まで読み終わると、三度目にもう一度、最初から味わいながら読み直すのが「味読」です。これも音読で先生に指名された生徒が交代で読むのが原則です。

学校の授業の原則はこのようなものです。つまり、一つの作品を三回繰り返して読むわけです。教育理論では「三読法」などと呼ばれています。わたしの記憶では、「通読」の段階で、だれかが音読しているとき、自分ひとりで文章を目で追ってずっと先に読み終えていました。「味読」については、時間が足りなくなったのかどうか、音読を聞いた覚えはありません。

このような授業のやり方のほかに「一読総合法」という読み方があります。「三読法」への批判から生まれた方法です。一度に全体を通読してしまわずに、最初から少しずつ順に読みながら読んでいく方法です。タイトルを読んで、先の展開を予想したり、途中でそれまで読んだ内容をまとめたりしながら読んでいく方法です。三回の読みを前提とするのではなく、一回の読みで文章の内容をつかむことを目標にする読み方です。

どちらの読み方が、わたしたちが実際に行っている読書に近いかというと、「一読総合法」だと思います。たいてい、一回の読書で本の内容をつかもうとして読んでゆくものです。一冊の本を三回も繰り返して読むようなことはほとんどありません。研究や調査のために繰り返して読む人もいるでしょうが、一般的な読書から見たら例外です。

「三読法」の影響はいろいろあります。現在、盛んに提唱されている「速読」は「通読」です。「精読」についてはあまり問題にされません。むしろ、「一読総合法」で研究されています。「遅読」というものもありますが、「精読」と言えるものではありません。「味読」は朗読の分野で問題にされています。実際の読書法としては「一読総合法」から学ぶものがたくさんあります。

2 多読・速読から精読へ

読書法というと、まるで常識のように「多読」が問題になります。なぜなのでしょうか。その考えの基本は、「読書とは情報収集であり、たくさんの知識を得ることに価値がある」という考えです。たくさんの情報を得るにはたくさんの本を読むということになります。それで当然のこととして、速読という方法が選ばれます。つまり、多読と速読とは、ともに同じ価値観から生まれるわけです。

しかし、人生の時間は限られています。本の量は圧倒的なものです。どんなに多くの本を読もうとしても限界があります。人生のすべての時間を費やしたとしても、絶対に読み切れません。それでも書物に追われるように大量の読書を目的にするような人がいます。情報の量によって、自分の知識や能力が育つという考えも根底にあります。

また、常識的に考えても、多くの本を速く読んでいくなら、どうしても雑な読み方になります。それで、多読と速読という読書の風潮に反対して、「遅読」という用語を使って読書法を語る人も出てきました。しかし、ただ単に遅く読んだとしても、速読の欠点が補えるわけではありません。「遅読」の質が問題です。速さの問題ではありません。

本当に問題にするべきことは読書の量や速さではありません。それぞれの人の人生にとって、読書とは何なのかという問題です。読書の質の問題です。結論を言うなら、自分にとって価値のある限られた少量の本について充実した読書をすればよいのです。それで、わたしがおすすめするのが「精読」なのです。

3 精読のすすめ

本の読み方にはいろいろあります。それなのに、現代の風潮はもっぱら多読と速読に偏っています。その根本には資本主義の精神があります。「大量生産、大量消費」という物質の生産と同じような考え方が、人間の生のあり方にまでつきまとっているのです。

それに対して、「精読」とは、読書の質を高めるための読み方です。それは人間の生の質を高めることです。本をていねいに読むことによって読み手の読書能力も高まります。読書は機械が情報を処理するようなものではありません。読書には時間がかかりますが、その時間が読書の楽しみの時間なのです。

また、速読や通読で本を読むならば、時間もかからず一通りざっと終えてしまいます。しかし、そのような読み方で済ませられる本は深い内容のない軽い本です。単純な情報を提供するだけの本です。その内容については考える必要のない本です。ただ、知識を得るだけの本です。

それに対して、いろいろなことを考えさせてくれたり、さまざまな状況を想像させてくれたりする本は、速読や通読には向いていません。

本を読むということは、ただ単に知識を得るだけではなく、自らの読書の能力を高めるというはたらきがあります。読書能力の基礎は精読によって養われます。精読の能力を磨くことによって速読の能力も身につけられます。立花隆は『「知」のソフトウェア』（講談社新書）で、カントの哲学を一行一行ゆっくりと共同で読む読書会をやることによって速読力が身についたことを書いています。文章の中心部分を読み取る力がつくならば、読む速度はいくらでも速めることができるのです。

速読ばかり繰り返していても、深く読む力はつきません。速読というのは、本のおおよその内容をつかむための読み方です。いわば、ていねいに読まなくてもいい本を決めるための読み方です。結局は多量の本を読み流して、内容の薄い知識を寄せ集めるような結果になります。

しかし、精読をするならば、たとえ一冊の本の一部の文章からでも、価値ある内容を読みとることができます。すぐれた本というものは、どのページでもいいから、開いた部分の数行を読んでみるだけで、そのよさがわかるほど密度のある本です。そのような本を選び出す能力は、まさに精読の訓練によって育てられるのです。

02 読書とは何か

1　読書とは何か

読書とはいったい何でしょうか。一般的にはどのように考えられているのでしょうか。わたしは、ものごとについて考えるときには、まず辞書を引いてみます。「読書」を引くと、たいていの辞書には「本を読むこと」と書かれています。ところが、『新明解国語辞典』（三省堂）はていねいです。読書の本質に踏み込んだおもしろい定義です。

〔研究調査や受験勉強の時などと違って〕一時（イットキ）現実の世界を離れ、精神を未知の世界に遊ばせたり、人生観を確固不動のものたらしめたりするために、〔時間の束縛を受けることなく〕本を読むこと。〔寝っころがって漫画本を見たり電車の中で週刊誌を読んだりすることは勝義の読書には含まれない〕

読書の定義をまとめています。「……するために」の中の三項目です。

①現実の世界を離れる――「現実の世界」と「読書の世界」との対比があります。
②精神を未知の世界に遊ばせる――それまで知らない世界に精神が向けられます。
③人生観を確固不動のものにする――読書は人生観にまで関わってくるものです。

おもしろいのは、〔　〕でくくられた部分です。読書から外される条件があります。まず、「研究調査」や「受験勉強」は読書から外されています。そして、「時間の束縛を受けることなく」とあります。これは、読書の自由さを意味します。時間に追われて読み飛ばすような読み方は読書ではないというのです。さらに、読書の対象から「漫画本」「週刊誌」は外されます。ただ、わたしは「寝っころがって」とか「電車の中で」もいいと思います。

わたしの考えを書き加えて要約すると、「読書というものは、現実とはちがった世界に心を向けて、人生にとって価値あるものを読み取ること」ということになります。

それでは、どのようにしたらそのような読書ができるのでしょうか。

2　読書とはどういうものか

「読書」とは何か、根本から考えてみましょう。わたしがものごとについて考えるときに基本にする質問項目があります。「ダイ・ドドナ・ドドナ（ダレガ・イツ・ドコデ・ドンナ・ナニ

ヲ・ドウ・ドウスル・ナゼ)」の八項目です。(詳しくは第2部第1項目を参照)

各項目について、読書についての問題を考えてみます。わたしのコメントを加えます。

・**ダレガ**――本を読むのはだれか、一人で読むのか、複数でも読めるのか。だれが本を読むのか。共同の場で読むことはできるのか。学校では、朝の何分かをそれぞれの黙読にあてる「朝の読書」というものがあります。また、「読書会」は複数の共同の読書の方法です。

・**イツ**――どんなとき読むのか、そのタイミングをどうしたらいいのか。時間が余っているから読書をするという人もいれば、どこでも、時間さえあれば読書するという人もいます。

・**ドコデ**――本はどんな場所で読んだらいいのか。読書の場所と言ったら、書斎や図書館は当然なのですが、トイレ、電車、喫茶店、中には風呂場で読むという人もいます。

・**ドンナ**――どんな本を読むのか、本の選択はどうするのか。どんな種類の本を読んだらいいのか。図書館の本は「十進分類法」で分けられています。書店で本を探すときにも、それぞれの店の本の並べ方にちがいがあります。近ごろは、印刷された本ばかりでなく、電子書籍もありますから、本の選択の幅がひろがっています。

・**ナニヲ**――本を読むということは決まっています。しかし、あらためて本とはどういうものなのか考えてみましょう。本の外見は形式です。その内容として何が書かれているのでしょう。また、本の内容と、その読み方とはどのような関係があるのでしょうか。

・**ドウ（ドノヨウニ）**——最も重要なのが、本の読み方です。どのように本を読むのか、どのような方法で読むのか、どのような技術を使って読むのか、本を読むときにどのようにアタマが働いているのか、これらは読書論の根本的な問題です。

・**ドウスル**——「本を読む」という行為は「ドウ（ドノヨウニ）」と一体のものです。どのような読書法によるのか、どんな技術を使うのか、それが問題です。

・**ナゼ**——なぜ本を読むのでしょうか。それは読書の理由です。また、本を読んで何を得ようとしているのか。それは読書の目的です。読書にどんな価値を求めるのかによって読書の方法もちがってきます。そもそも、本は読むべきものかどうかというのが根本問題です。

わたしが考える重要な問題は次の三つです。第一に、人が本を読むということは、どのようなはたらきなのか。第二に、本というものにはどのような種類があるのか。第三に、人はなぜ本を読むのか、何のために本を読むのか。

3　読書論・読書法・読書術

読書について考えるときの三つのレベルがあります。一般の読書の本ではアイマイです。

(1) 読書論
(2) 読書法
(3) 読書術

（1）は、そもそも読書とは何なのか、何をすることなのか、なぜ読書をするのか、何のためなのかという読書の意義を中心に論じるものです。（2）は、どのようなやり方で本を読むのかという方法の問題です。その選択には基準となる根本原理があります。

①多読か少なく読むか
②速読か遅く読むか
③黙読か音読か

読書の方法からは実際に読書をするときの技術が導かれます。それが（3）の読書術です。

読書について書かれた本はいろいろありますが、読書方法と読書技術とが区別されていません。また、読書の技術も具体的ではありません。抽象的に技術を語るだけに終わっています。

読書の技術は、選択した方法の組み合わせによって工夫されます。たとえば、「多読」と「音読」ならば、早口で本を読む技術を目指すことになります。また、「遅読」と「黙読」ならば、文章をじっくり眺めて考えるための技術が必要になります。

「読書術」というものは方法よりも具体的で、実際の読書に活かせるものでなければなりません。「読書術」と称する本であっても、読書法のレベルにとどまっている本はめずらしくありません。方法が語られていますが、すぐに実行できるものが少ないのです。

たとえば、「本に印をつけたり書き込みをしましょう」と書かれていても、ただそれだけです。そのやり方はまったくゼロから自分で考えなければなりません。また、「本は声に出して読みましょう」とあっても、どこをどのように工夫して読んだらいいのかわかりません。かつて、声に出して本を読むという音読ブームがありましたが、いつのまにか消えてしまったのも、音読そのものの方法が明確に示されていなかったからです。ただ読めと言ったって何の手がかりもなく読んでいたら、すぐにあきてしまうのは当然です。

読書とはただ知識を増やすだけのことではありません。人間のあらゆる行為と同じように、自らの生きる能力や思考能力が育っていくものです。読書の能力が高まれば高まるほど、本を読むことによって得られるものが拡大していきます。人間の生きかたや人間と世界の関係などにまで思考が広がります。それが読書による人間の成長です。そこからは「読書道」と呼ぶようなものが成立する可能性もあるのです。

03 読書の楽しみはどういうものか
——実用の読書、娯楽の読書

1 なぜ本を読むのか

読書というと、一般には、実用と娯楽とに分けられています。書店でも、「実用書」と「エンターテインメント」といった区分が目立ちます。エンターテインメントとは伝統的な日本語で言うなら「娯楽」のことです。現代小説のほとんどがエンターテインメントに分類されています。そのほか、文学書や哲学書などは、一般の読書の例外のような扱いです。

実用の読書とは、何かの役に立てるための読書です。学生ならば、勉強のため、社会人ならば、仕事のためです。学生時代には、試験に合格するために教科書を読んだり、受験に合格するために参考書を読みます。そして、社会に出てからは、仕事で業績を上げようとして次々にハウツー本を読み漁るようなことになります。

実用の読書は、何かの目的のために読むのですから読書は手段です。しかも、他から求められる目的のためなので読書は義務になります。その圧力がなくなれば読書の習慣もすぐに失われてしまいます。学生時代には本を読んだけれども、社会人になってからは読まなくなったという人も少なくありません。また、学生時代には、専門分野のむずかしい本を読んでいたのに、そんな本には振り向かなくなる人もいます。

それに対して、娯楽の読書はどうでしょうか。学生時代にはむずかしい本を読んでいた人たちが、エンターテインメントの小説ばかり読んでいたりします。まるで、現実の生活から外れて、本のなかで楽しんでいるかのようです。読書は単純に、実用か楽しみかとは分けられないものです。仕事のために読んでいた本がいつの間にかおもしろくなって、熱中してしまったり、楽しみで読んでいた本があとで何か仕事の役に立つこともあります。読書の意味は人間の生き方にかかわるもっと深いところにありそうです。

2　読書は精神の糧

わたしは読書について食事のイメージで考えています。人は生きるためには物を食わねばなりません。腹が減れば何か物を食べたくなります。しかし、人間は精神的な生き物です。ただ物を食べて生きるのではなく、さらに、自らの心を日々充実させて生きるものです。物を食べるのと同じように、心にとっての食べ物が必要なのです。健康な食欲と同じように心の健康への意欲が読書です。どちらも、人間が人間らしく生きるために不可欠な要素です。

人間のからだは食べたものによって作られています。よいものを食べることによってよいからだができるし、また、からだの健康も保つことができます。それと同じように、よい書物を読むことによって、自身の精神が形成されるのです。近ごろの食事の理論では、少食が健康を保ち人間の寿命を延ばすといわれています。同じことが読書についても言えます。少量の読書であっても、読み方しだいで十分な栄養が得られるのです。

ところが、現代の読書の流行は、もっぱら多読と速読です。食事で言うなら大食いと早食いです。食事中の食欲というものは、十五分ほどで収まって満腹感をおぼえるのだそうです。ですから、大食い競争では、十五分以内に大量の食物を腹に収めるのを目指しています。その時間に追われるのですから、当然、早食いということになります。

そもそも大食い競争は、食物を味わうものではありません。どれだけ大量の食物を、どれだけ早く腹の中に入れたかという勝負です。このような食事を読書にたとえるならば、大量の書物を速読してどれだけ多くの知識を記憶にとどめるかという競争です。そのような価値評価は、読書の質を問うものではありません。まさに、資本主義の精神である大量生産と大量消費とが、読書においても目的のようになっています。

そこで、読書論は人生論へとたどり着くのです。人間にとっての幸福とは何かという問題です。一人の人間にとってどれだけの本が必要かということです。結論を言うならば、読書も自らの人間的な生をまっとうすることなのだと思います。自分が何を読みたいのかそれが重要です。そして、読書の「量」を問うのではなく、読書の「質」を問題にします。

本を読むといっても、ただそのまま読めばいいわけではありません。いわば、調理法としての読書法が必要です。読書というものは、自ら調理して食べる食事です。メニューを決めたら食材を探します。それが本の選択です。食材はそのままでは食べられません。何らかの方法で調理します。野菜を洗ったり、皮をむいたり、肉や魚を切ったり、煮たり焼いたり蒸したりといろいろな調理法があります。さらに、味つけや香辛料を加えたりします。つまり、自分なりに調理をしながら読んでいくのです。それが読書の技術となります。

3　本との出会いは「一期一会」

かつての偉大な思想家たちは、どれだけの書物を必要としたのでしょうか。その伝記などを読んでいると、意外なことに蔵書の数も少ないし、読んでいる本も少ないものです。どうやら、少数の書物を熟読することによって自らの思想を生み出しています。ところが、現代の蔵書家たちは数万冊の書物の所蔵を誇ったりしています。それは、自らの精神を誇りとするかわりに、所有物としての書籍を誇っているのでしょう。現代社会において、金銭や資本の所有を誇りにするのと同じです。

トルストイの書いた民話に「人間にどれだけの土地が必要か」という作品があります。その結論は単純なものです。一人の人間に必要な土地とは、死んだときに横たわって埋められるほどの広さの土地でした。読書について言うなら、どんなにたくさんの本を読もうと思っても限りがあります。その人にとって必要なだけの本をどれだけていねいに読めるかどうかが問われるのです。

また、作家の太宰治は家にほとんど本を持たなかったそうです。中期の代表作「新釈諸国噺」のシリーズがあります。それは井原西鶴の原作に手を入れて現代風に書き直した作品です。それを書くときにも、友人の家の本棚で見かけて借りた本を資料にしました。それも、学生用の参考書のような井原西鶴の作品集だったそうです。

何よりも大切なのは、大量の書物を所有したり、大量の読書をすることではなく、その人の日々の暮らしにとって生きる糧となるような日々の生に必要なものを毎日、少しずつ摂取して行くような自然な読書です。読書というものは、毎日の暮らしの限られた中で、日々の習慣として身についたものです。読書は人それぞれです。読むべき本は、それぞれの生き方によってちがっています。

わたしは「一期一会」の読書ということを考えています。書物との出会いを大切にします。本を読んでいる時間が充実の時間です。書物はおどろくほど大量にあります。どんな本に当たるのか、それはほとんど偶然のようなものです。しかし、読書を習慣にして、よい本を求める気持ちがあるならば、そんな本がきっと現れます。何度でも読み返したくなるような本に出会えたら幸いです。よい本は一度読み終えても、何年か経って二読、三読してもその魅力を発見できるものです。

運よくよい本にめぐり会えればしめたものです。そんなときには時間をかけてじっくりとていねいに深く読み込んでいくのです。あわてて読まずに少しずつ、読み終えるのを惜しむように読みます。よい本を読むときには、わずか数行でも、数ページでも、満足できる充実感が得られます。もしもつまらない本に出会ったなら、速読でざっと読み流して放り出しましょう。そうして作った時間を、よい本を味わうための読書の時間にあてるのです。

04

読書とアタマのはたらき
――「コトバのアミ」と読書

1 読書とアタマのはたらき

読書をするときに、アタマがどうはたらいているか考えてみましょう。読書とは、「書き手」が書いた「本」を「読み手」が読む行為です。本の向こうには「著者」がいます。ですから、読書とは、「読者」「書物」「著者」という三者の関係で成り立ちます。つまり、本に書かれた文章を媒介にして、書き手と読み手とは対話をしているのです。

この過程の中心にはコトバがあります。読書をするときにアタマのはたらきを分かりやすく説明できる図があります。左ページの図を参照ください。（大久保忠利「コトバの網と外内言行為」作成1964・3・18）

コトバのはたらきの基本が図式化されています。「話す・聞く」「読む・書く」というすべてのはたらきが示されているのです。ふたりの人物が描かれています。右側が、コトバの発信者、

●――コトバの網と外内言行為

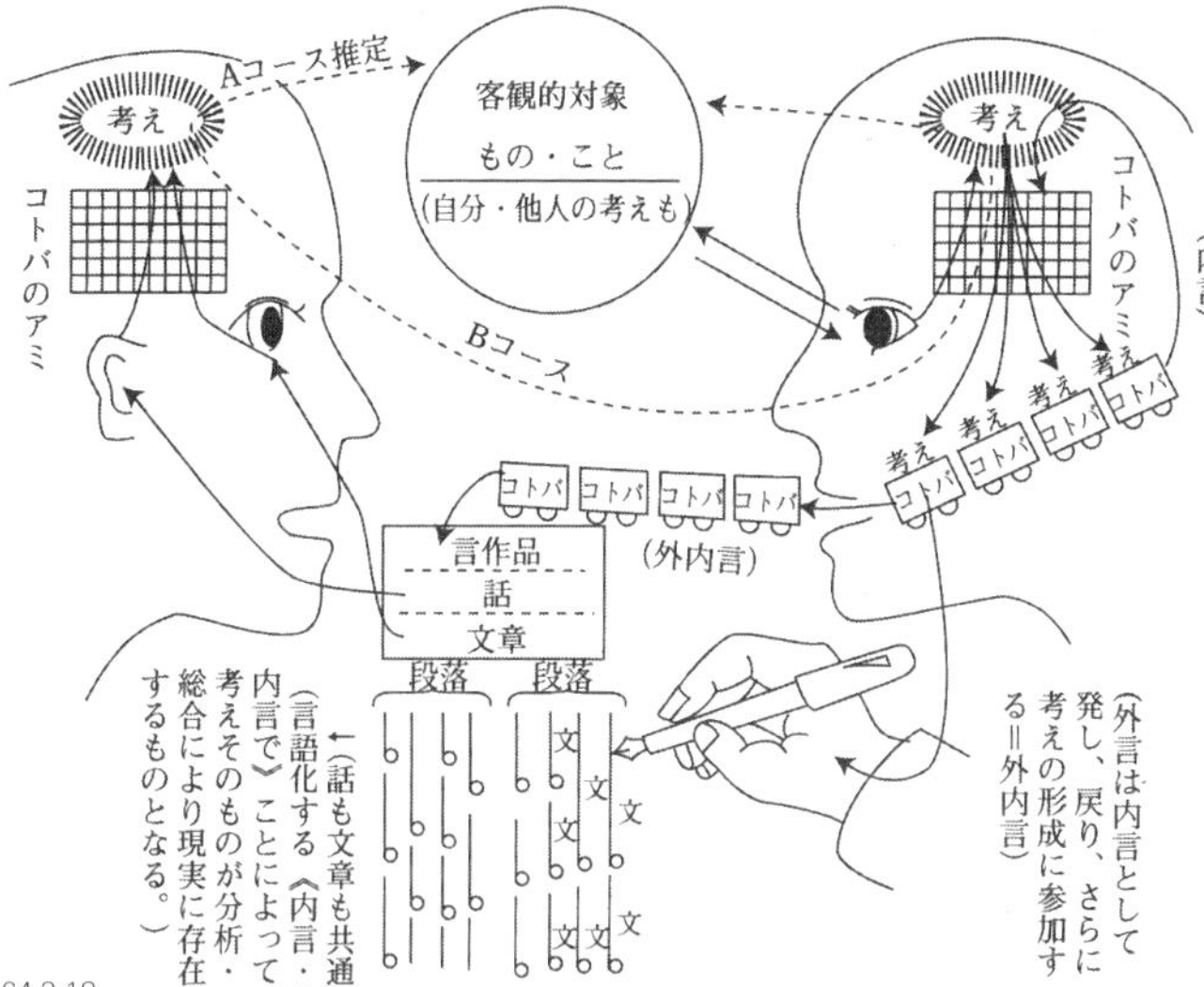

64.3.18
(大久保忠利考案)

話したり、書いたりする人です。左側が、コトバの受け手、聞いたり、読んだりする人です。本に収められている「文章」は、中央の下に「文。文。文」として示されています。それは口から出る声のコトバの代わりに文字として記録されたものです。

まず、書き手がどのようにして文章を書くのか、その過程を説明しましょう。書き手が書こうとする「客観的対象」が、中央上の丸のなかにあります。「もの・こと」です。「もの」とは実在するもの、「こと」とは、「もの」と「こと」、あるいは「こと」と「こと」との関係です。さらに「自分・他人の考え」も対象になります。それがコトバのかたちになったものが「考え」です。たとえば、「もの」とは、コトバで言うなら「机」とか「パソコン」とか「ノート」です。「こと」とは、「読書」とか「操作」とか、人がものを扱う行為などのように目には見えない関係です。

本に書かれた文章というのは、「客観的対象」がコトバに置き換えられたものです。わたしたちは直接に対象を扱うのではなく、コトバを通じて世界を理解します。コトバは実在そのものではなく、実在のものの「記号」です。わたしたちはコトバを操作することによって、「もの・こと（自分・他人の考えも）」について知ったり、考えたりできるのです。

2 「コトバのアミ」とは

わたしたちの世界である「客観的対象」をコトバに置き換えるはたらきをしているのが、個人個人の持つ「コトバのアミ」です。

人は社会においていろいろなコトバを学んで記憶して自分のアタマに「コトバのアミ」を作ります。どのコトバも別のコトバと関連づけられてまとまっています。それがその人の考えを組み立てる基礎です。その関係は、「概念体系」とか、「カテゴリー体系」と言われます。

「コトバのアミ」の実際のイメージは、図で見るような餅焼き網のような四角いマス目ではありません。魚を捕る「投網」のイメージです。フレアスカートのように裾が広がっていて、上部についた紐を引っ張ると全体がすぼまって、魚が入ってくる網です。

「コトバのアミ」は一人ひとりみんなちがっていますから、コトバのやりとりで誤解が生じることがあるのです。ある語句についての類義語、同義語、反対語などを考えてみると、人によってちがっているものです。たとえば、「海」の反対は何でしょうか。「山」「川」「陸」「空」など、どれも反対語だと言えます。コトバの体系は客観的に固定したものではないからです。それぞれの人の考え方によって組み換えられるものだからです。

「書き手」は文章を書くときに、目で見たり耳で聞いたりしたものを、「コトバのアミ」にかけます。アタマに浮かんだ観念が、単語となり、文節となり、文のかたちに組み立てられます。考えは文になってまとまります。それがトロッコの車両として示されています。

しかし、すらすらと文ができるわけではありません。トロッコから後ろへ向かう矢印があります。それまで組み立てたコトバをもとの考えと比べ直して修正するのです。そうして、コトバを外へ発します。ですから、それは単純な「外言」ではなく「外内言」という行為なのです。

コトバの表現の出口は二通りです。一つは、声にして口から話をする道、もう一つは、手を使って文字を書く道です。さらに、それが本になるためには、文章が印刷されて本の形に製本されるという作業があります。そうしてやっと、読み手が本と向き合えるようになります。

3　読み手のアタマの働き

左が「読み手」です。読み手は文章を読みます。「考え」の単位は「文」です。図では、文が句点（。）で区切られています。読み手は文字で書かれたコトバを読んで、自分の「コトバのアミ」を通して「考え」を組み立てます。もしも、自分の「考え」と相手の考えた「もの・こと」とが、コトバを通して一致するならば理解できたことになります。その経路が図では「Aコース推定」の点線になります。

ところが、文章から直接には意味が分からないこともあります。そのときにたどるのが、「Bコース」です。「文章ではこう書かれているけれども、書き手はどのように考えたのだろうか」と想像します。書き手の「コトバのアミ」の組み立てと、そのはたらきを推測して、そうして書き手の考えを通じて「もの・こと」にたどりつくのです。

つまり、読書においては、本から直接に読み取れる意味と、書き手の書き方を通じて読み取れる意味の二つがあるのです。いわゆる「行間を読む」というのは、書き手の書き方から推測されることなのです。

4　読書で自己と世界を読む

そこに本が置かれているというだけでは宝の持ち腐れです。本は読まれなければなりません。本は読まれて生きるのです。本には情報があるだけではありません。書き手の思想や人格まで書き込まれています。すぐれた本には書き手の全思想が注ぎ込まれています。それを読み取れる能力のある読者に対しては自分を隠さずに見せてくれます。だから、読書によって時代を越えて、知らない人たちと深く知り合うことができるのです。

しかし、読書はそこにとどまるものではありません。人々と自分とを取り巻く世界を読むことにまでつながります。だから、読書が欲求になるのです。哲学者デカルトの有名な言葉が『方法序説』には書かれています。デカルトは「世間」を「大きな書物」と考えました。そして、「私自身のうちにか、あるいは世間という大きな書物のうちに見いだされるであろう学問のほかは、どのような学問にしろもはや求めまいと決心し」たと言うのです。自分自身と世間とから学ぶという決意でした。

読書とは、自分自身と世界とを知るための手段なのです。あなたも、「本の虫」などと言われてもめげることなく、読書を通じて目に見えない世界にまで考えを広げていってください。

05 本とは何か——何を読むのか

1 本と書籍と図書

本とはどんなものなのでしょうか。「そんなもの常識だよ」と思われるかもしれません。しかし、国語辞典で確かめてみましょう。三省堂『新明解国語辞典』で「本」を引きます。

【本】①人に読んでもらいたいことを△書い（印刷し）てまとめた物。書物。〔広義では、「雑誌やパンフレットやおよび一枚綴りの絵・図を含む〕②書籍・図書の汎称。

「雑誌やパンフレット」、「絵・図」も含まれます。本のことをむずかしく言うと「書物」とか「書籍」「図書」です。さらに、インターネットの辞典であるウィキペディアで「本」を検索すると、もっと具体的に書かれています。

本は、書籍または書物とも呼ばれ、木、竹、絹布、紙等の軟質な素材に、文字、記号、図画等を筆写、印刷し、糸、糊等で装丁・製本したもの。

さらに、本の綴じ方とページ枚数の基準についても、次のように書かれています。

狭義では、複数枚の紙が一方の端を綴じられた状態になっているもの。」「1964年のユネスコ総会で採択された基準は、「本とは、表紙はページ数に入れず、本文が少なくとも49ページ以上から成る、印刷された非定期刊行物」と、定義している。5ページ以上49ページ未満は小冊子として分類している。

最近では、文字を電子データとして画面で表示して読む装置ができました。いわゆる「電子書籍」というものです。この場合でも「本」の本質は変わりません。本というものは、人が読むこと、人に読まれること、あるいは自分の記録を残すことを目的として、文字や絵や図や表などを、書いたり印刷したり、電子データにしてまとめたものなのです。

2　本の外ワクの読み方

実際の本はどのようにできているのでしょうか。本を作っている人たちは本そのものの各部の名称を知っています。40ページの図をご覧ください。

本のページの内容順序の基本は本文を中心にして次のように構成されています。

表紙―扉―まえがき―目次―本文―付録―あとがき―索引―奥付―裏表紙

読書は本を手にとったときから始まります。まず、表紙を見てからぱらぱらとめくって見たりします。それから、目次やあとがきを見たりします。それから、本文を読み始めることになります。しかし、最初に手にとったときの印象はあとあとまで影響するものです。

それでは、本文の読み方に入る前にいわば本の外ワクの読み方を考えてみます。

①表紙・裏表紙――表紙は本の顔です。本を開く前に表紙をながめてみます。次のような項目が書かれています。表紙には、タイトル、副題、著者名（訳者、編集者）、出版社名など、裏表紙には、定価、書籍コードなどです。さらに、帯がついて、宣伝文句が書かれていることもあります。表紙のデザインは、本の内容や、読者対象がわかるように工夫されています。近ごろは、若い人を読者にしようとして表紙の絵を漫画にしたり、若い俳優の写真をつけたりするものもあります。表紙をめくると扉があります。表紙に準じたデザインです。

②まえがき・あとがき――まえがき、あとがき、いずれか一方がつけられるのが普通です。本を買うか買わないか決めるときの参考になります。まえがきには、本全体の内容の紹介、読み方の希望やヒント、本文で書き足りなかったことなどが書かれます。あとがきは、著者の個

人的な感想や追記です。小説や詩ではどちらもつけない本があります。直接に本文を読んでもらいたいという希望と自信との表現です。

③解説・解題・推薦のことば――原則として不要な文章です。他力本願です。本の内容について自信のなさの現れです。販売戦略のために、著名人に書かせることもあります。これがあるために、読者に余分な先入観を持たせたり、まっとうな読み方を妨げることがあります。優秀な読者なら無視します。

④目次――本の全体の構成を読み取るのに最適です。編―部―章―節―項という段階でタイトルが書かれてページが示されています。本文を読まなくても、およそ本の内容が読み取れます。そのためには、タイトルから内容を想像できる読者の能力が要求されます。

⑤奥付――タイトル、著者名、発行年月日、印刷年月日、編集者名、発行者名、出版社名、出版社住所などが書かれています。読書の手がかりになるのは、印刷年月日です。最初の印刷日は「初版」で、重版されるたびに「2刷」「3刷」と印刷日が書き換えられます。重版された本は人気があるというわけです。2刷が出ることを「重版出来《じゅうはんしゅったい》」といいますが、近ごろはめずらしいことです。ベストセラーの本になると、100刷を越えるものもあります。

⑥注釈・索引――専門分野の本では、本文中のむずかしい用語の説明として、本の後方に「注

●──本の各部の名称

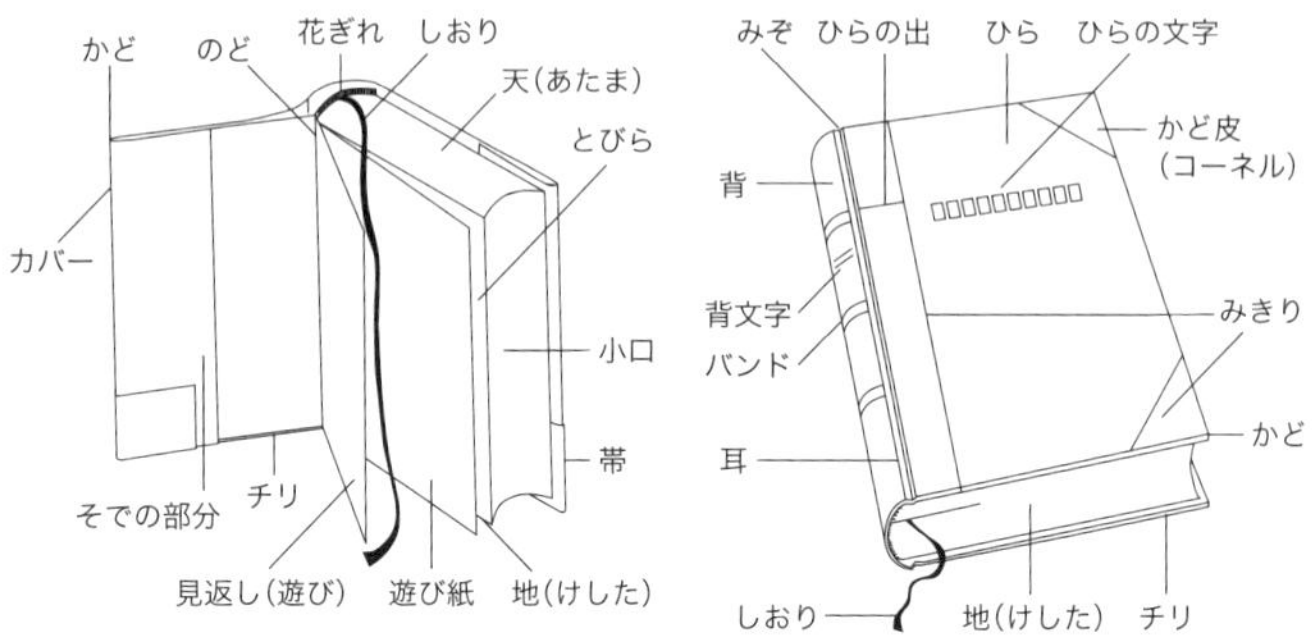

釈」がつけられます。注釈番号とページが記されています。

「索引」というのは、本文中のキーワードをアイウエオ順に並べて、該当ページを記入したものです。目次からは書かれた内容を大まかに探せます。「索引」からは用語から厳密に書かれた部分にたどりつけます。

以上、本の外ワク部分の読み方です。自分が読むべき本を探すときに、本文を読まなくても、この部分を読むだけでたいてい判断できるものです。その能力も読書能力の一部なのです。

3　本文の文章をどう読むのか

わたしたちは、本を広げると当然のように並んだ文字の行を文章だと考えて読んでいます。しかし、文章を読むということは、どのように読むことなのでしょうか。どこに焦点を当てて文章を読んでいくのでしょうか。

文章ということを基準にして本の内容を細かく分けてゆくと次のような構成です。

本＝巻―編―部―章―節―段落―文―文節―語句

文章を読むときには、上から下に下がるのではありません。下から上に上がっていく読み方をします。つまり、文字から語句のまとまりをつかんで、文節ごとにまとめて、文を組み立てて考えを読み取ります。それから、文と文とのつながりから段落を単位に内容をまとめます。

ここで重要なのは、考えのひとまとまりの中心は何かということです。それは「文」なのです。本の文字を一文字ずつ順に、ばらばらに読んでいるのではありません。文としてまとまった意味を読んでいます。文を単位にして本を読んでいるのです。

ですから、読書の目標となるのは、文としての考えのまとまりです。文の組み立てには原則があります。それは文法に理論化されています。また、文と文とのつながりには論理があります。ですから、読書のためには、文法と論理との基礎が必要不可欠なのです。

06 本の種類と読み方のちがい——四つの読書法

1 本の種類と読書法

本の種類はいろいろあります。その中から一冊の本を選んだということは、単に、その本を読みたいという動機からだけではありません。その背景には読書能力があります。その本を読めるだけの能力がなければ、読書の意欲も湧いてきません。「いい本だから読んでみたら」と人から推薦されても読まないでしょう。「読書のすすめ」は意外に効果が少ないのです。

今、若者たちの読書ばなれと言われている傾向も、暇がないとか、時間がないとかいうことではありません。本が好きではないというのは、読書の能力の不足なのだと思います。ですから、ただ単に本をすすめるだけではなく、読書の仕方についても考える必要があります。

読書の方法との関係で本の種類を考えてみましょう。たいてい大きく二つに分類されています。書店では、フィクションとノンフィクション、実用書とエンターテインメント、一般書と専門書などと分類されています。また、図書館では「十進分類法」によって本は分類されています。それらは読書する人の興味や関心から分類されたものではありません。個人の関心がなければ読書は始まりません。書店の分類も図書館の分類も、個人の読書の方法とは無関係です。

本の選択は読者の自由です。自分の読みたい本を選べばいいのです。ただし、本そのものの性質も受け入れねばなりません。本のジャンルによって書き方がちがいますし、文章のタイプもちがいます。それぞれの本にふさわしい読み方があります。自分の読み方に固執してはいけません。文章に応じた読み方をするのです。小説で筋を追って読んでいるとき、論文のような説明があったり、科学論文を読んでいるとき、小説のようなエピソードが出てきたりします。それぞれの文章を読み分けることで、本のいろいろな楽しみが味わえます。

2　読書のための四つの目標

本の種類に応じた読書の方法を紹介しましょう。次ページの「読書方法の四通り」の表を参照ください。読書の方法を決めるとき、次のような三つの要素があります。

第一は、読書の目標です。本を選んだとき、この本からこんな楽しみが得られるだろうといった期待が生まれます。「この本はこんな本だよ」と人から紹介されたとき、こんな読み方をし

読書方法の四通り

方法	本の種類	読みどころ	速度と量	黙読か・音読か
(1)情報収集	ハウツー本、ビジネス本、知識本	単語、文、図、表絵など	速い→知的、理解、大量（疎）	黙読(目読み、拾い読み、速読)
(2)感動享受	文学（詩、小説、物語、戯曲、俳句、短歌)、物語、エッセー、画集、写真集	物語、イメージ（情景、場面、ストーリー）	遅い→感動、味わい、少量（密）	音読、黙読(音読み)、朗読、表現よみ
(3)思考推進	哲学、思想、歴史、経済、心理学	文（命題)、論理、黙読、印つけよみ	遅い→思考操作、少量（密）	黙読、音読(音読み)
(4)実践応用	実用書、マニュアル、参考書、辞典、図鑑、地図	文、拾い読み	速い→実践行動、少量	黙読(拾い読み)

ようとすぐに決定してしまうこともあります。

第二に、本の種類による性質です。本のジャンルによっておよそ書き方が決まっていますから、本の読み方もそれに応じたものです。本を買うときに、表紙の装丁やタイトルを見れば、どんな本なのか分かります。本の内容はもちろん、読ませ方まで示唆しています。ところが、読むと予想に反した本もあります。そんなときには、別の目標を定めることになります。

第三に、本のジャンルによって決めた読み方を守る必要はありません。いわゆるハウツー本は、一貫して単純な書き方がされています。ところが、「情報収集」から「実践応用」につながる本や、「感動享受」から「思考推進」を生み出す本もあります。

それぞれの読書法のちがいについてかんたんな解説を加えておきます。

（1）情報収集——最も常識的な読書法です。本を読んで情報を得るとか、知識を得るという方法です。速読による読書もこの方法です。ハウツー本を黙読で速く読んで記録にとったり、記憶しておいてあとで思い出して役に立てるためのものです。

（2）感動享受——小説や詩などをじっくり読んで味わうための読み方です。主に文学作品、小説や詩などを読む場合です。声に出して読むとなおさら作品の世界を味わうことができます。そして、感動も生まれてきます。

(3) 思考推進――考えながら読むための読書法です。哲学や思想、経済学や歴史学や学問的な本を読みます。これらの本は論理の展開によって書かれています。ふつうは黙読ですが、むずかしい文章があれば、あえて声に出して読んでみると意味がつかめます。

(4) 実践応用――読書を実践や行動のための道具にします。ハウツー本やビジネス本は実践応用のための代表です。実践に役に立つかどうか、それが本の命です。地図は現地を訪れるための手段になります。フィクションである小説をまるで地図のように読んで各地を歩き回る人もいます。

3 本の選択と読み方

本の種類によって読書の目標は限定されるので、本の読み方もほぼ決まります。しかし、本を選択するときに、タイトルやジャンルにだまされてはいけません。見かけと中身のちがう本はいろいろあります。実用書と銘打った本なのに肝心の実用性がなかったり、情報を与えるべき本なのに著者の感想ばかり書いてあったり、感動を呼び起こすべき小説が実用知識の提供にとどまっていたり、哲学風のタイトルの本に論理的な思考の組み立てがなかったりという具合です。

まちがってそんな本を選んでしまったらどうしましょうか。本の読み方を決めるのは読者自身です。仕方がないから最初の目標を変更して、別の目標に切り替えて読んで見るというのも、また読書の楽しみになります。「転んでもただでは起きない」とはいいことわざです。

その一方で、いい本はいろいろな角度から何度も読み返すことができます。たとえば、一度読んだ本でも目標を変えればまた楽しく読めます。最初は「感動享受」で読んでいた小説を、次には作品のなかで紹介された食べ物のエピソードを拾います。「情報収集」の読書です。

ある人からこんな話を聞きました。京都に旅行に行くとき、志賀直哉「暗夜行路」を読み返したそうです。以前に「感動享受」で読んだ小説を「実践応用」として読み返したわけです。わたし自身、ある哲学者の講演を「思考推進」のつもりで読んでいるうちに、詩的な表現に魅力を感じてからは、「感動享受」を期待して読むようになりました。

このようにさまざまな読み方のできる本は、それだけ内容が豊かで充実している本だと言えます。たしかに、いい本というものは、一つの目標だけで読まれるだけではなく、読者の読み方しだいで、読み返すたびにさまざまな顔を繰り返し見せてくれるものです。

07 黙読か、音読か

1 黙読と音読という読み方

本の読み方といったら二つあります。黙読と音読です。声を出さないで読むのが「黙読」、声を出して読むのが「音読」です。読書するときにはたいていの人が黙読です。音読をする人はほとんどいません。音読をするのは、文章を読み上げて人に伝えたり、聞かせたりするときに限られています。

子どもの読書は音読から始まります。だれでもはじめは声を出して本を読みました。学校に入ってからは、音読をやめて黙読へ進むように教育されました。その結果、おとなの読書法はもっぱら黙読ということになりました。

音読をしない理由はいろいろあります。よくあるのは、「声を出すと疲れる」「声を出すと意味が分からなくなる」「黙読のほうが早く読める」などといったものです。たくさんの情報を得ることに読書の価値があるという考えです。研究や調査のための「情報収集」を目標にした読書ならば納得します。しかし、文学作品を読むときにも情報としてのすじを拾って読んでいる人がいます。

文学作品にはそれとは別の読み方がありそうです。その手がかりとなるのが音読です。文学作品はよく朗読されます。朗読は音読の代表です。朗読というのは、文学作品を鑑賞したり、味わったりするための方法なのです。

また、ことばの意味の理解をする学習においても音読は重要です。「口頭解釈」という言葉があります。声に出して言葉の意味を解釈するという意味です。文章を読むときに音読をすると、文章の理解を深めることができます。また、文章を音読することによって、からだの動きをともなった理解が生まれます。

あらためて黙読による読書の方法と、音読による読書と比べて、どのような読み方があるのか考えてみましょう。

2 黙読の三通り、音読の三通り

黙読の方法は三通り、音読の方法も三通りです。合わせて六通りです。

下の表にしたがって順に説明します。

○黙読の三通り

(1)音《おん》読み——小学生が本を読むようにすべての文字の音をアタマに思い浮かべて読みます。声を出すのと同じ時間がかかります。上達すると、アクセントやイントネーションまで、ありありとイメージして読めるようになります。

(2)目《め》読み——文字の並びを目で追って見ていく読み方です。アタマに浮かぶ音は途切れ途切れか、まったく浮かびません。読みの速度を早めるには、行に指を当てがいながら読んでいきます。

(3)拾い読み——行としてつながった文

●本の読み方の六通り

黙読	①音《おん》読み	一つ一つの語句の文字のすべてを頭の中で音声化しながら理解する読み方
	②目《め》読み	文章の文字の並びを目で追いながら直接に意味を理解する読み方
	③拾い読み	本のページの全体をざっとながめて目につく部分を拾っていく読み方
音読	①小声読み	文章を口のなかでぶつぶつと小声を出しながら読んでいく読み方
	②早口読み	文章を速く読むことを目的に、できるだけ速く口を動かす読み方
	③理解読み	一節一節を2音ないし3音に区切って声に出しながら理解する読み方

字の並びを見るのではなく、ページごとに上下左右に目を動かして流していきます。目につく漢字やカタカナなどを拾って読むことになります。これを訓練すると速読になります。

○音読の三通り

(1) 小声読み――音読の初歩です。自分が文章を理解するために読みます。人に聞かせるのではありません。小声で自分自身に聞かせて読みます。文章の意味をつかむのが目標です。むずかしい文ならばゆっくり読みます。学校の「朝の読書」にはぜひ取り入れてほしいものです。

(2) 早口読み――小声読みに慣れてきたら速度を速めていきましょう。これも小声でいいのです。口のかたち、舌の動きに注意して発音をすると滑舌もよくなります。話しの苦手な人にとってこれは話し方の訓練です。しかもことばを口にしながら考えられるようになります。

(3) 理解読み――目的は声を出すことによる文章の理解です。速さにはこだわりません。やさしい本は早めに、むずかしい本はゆっくり読みます。一文節ごとにことばの意味を理解して、意味のつながりを予想します。文節を2音ないし3音に区切ってリズムをつけると意味が取りやすくなります。途中で文の意味を見失ったら、そこで間を取って考えます。

3　音読による読書能力の向上

黙読と音読と二つの読書法をならべたとき、読み方の基礎となるのは音読です。黙読をしているときでも、アタマのなかには声のイメージが浮かんでいます。本から声が聞こえるという感覚です。コトバには、まず声のイメージがあります。むずかしい言葉では「音韻表象」と言います。話したり・聞いたり、読んだり、書いたりするとき、アタマの中には多かれ少なかれ音韻が声のイメージとして響くのです。

本を読むときには、黙読であっても、文字を見るとアタマに声のイメージが浮かびます。つまり、読書の能力とは、文字から声のイメージを浮かべる力なのです。その能力は、子どものころから育てられます。人の話を耳で聞き取って、自分で声に出してまねてみることが、コトバの学習の始まりです。

文字を読んでいくためには、前提として声のコトバが必要です。それを前提にして、あとから文字を読むときには声のコトバと結びつけていくのです。子どもが本を読み始めたときには、声を出して読みます。それを繰り返すうちに、声を出さなくてもアタマの中で声が聞こえるようになります。そうなると声に出さずに黙読ができるようになります。

学校教育の成果は黙読です。おとなになるとほとんど音読はしません。声のコトバのイメージをほとんど忘れています。文章を読んでも、声のイメージを抜きに、直接に意味を理解します。その分だけ声のイメージがアイマイで貧しくなっているのです。だから、人が話す声を聞いても、その声から文字に置き換えられるコトバの意味だけ受け取ります。

文章は文字で書かれていますが、それを声にしたときには、文字を越えたさまざまな感情まで含まれています。文学作品でなくともコトバの背景には人間の感情があります。文章を声で読み上げて声にしてみると感情が浮かんできますから、文章の奥行きが理解できるのです。

読書の方法としては、とくに音読の能力を高める必要があります。理論の文章でも、音読で読んでみると、文章の理屈だけではなく書き手の感情まで読み取れます。さらに、文学作品を音読するなら、よく言われる「追体験」「疑似体験」ができます。逆に言うなら、文学の文章は声に出して読まないと、その魅力が分からないとさえ言えます。

ただし、音読をするためには、ある程度の訓練が必要です。そういうと、朗読の訓練をすればいいのかと思われるかもしれません。しかし、朗読の目標は、きれいにうまく人に聞かせるというものです。音読の基礎は、文章の表現を自分の声によって分析しながら理解していくことです。黙読のようにすらすら読むのではありません。文の構造を一節ごとに声によって切り分けながら理解して読むことです。

08 いつ、どこで、だれが

1 いつ読むのか、どこで読むのか

読書をするには、時間と場所が必要です。人の行為には、必ず、トキ、トコロがあります。時間と空間において行われるものです。読書も例外ではありません。

「本を読みなさい」と言われたときに、「本を読む時間がない」とか、「本を読む場所がない」と言う人がいます。本当に時間がないのでしょうか。おそらく、読書をしないという人は、空いた時間をきっと別のことにあてています。その人にとって第一の欲求であるならば、自分の読みたい本を手にして、いつでも、どこでも読書を実行しているはずです。

本が好きな人にとっては読書が、毎日の食事のような習慣になっています。強制や義務による読書ならば、そう長つづきはしないでしょう。しかし、自分が好きで実行する読書なら、いつでも、どこでもできます。世間には多くの読書論の本がありますが、読書をすすめるとなると、読書時間の作り方や、書斎の作り方などを教えたりします。そして、親切にいろいろな本をリストアップしています。

「私はこの本をこう読んだ」と得意そうに本の内容を要約したり、感想を書いたりする読書の本もあります。これには、テレビのグルメ番組を見るような腹立しさがあります。当人は楽しく読んだかもしれませんが、その楽しさを人に伝えるのは無理です。テレビでタレントが高価な料理を試食して「うまい、うまい」と笑顔を見せているようなものです。その味わいを共有することはできません。

わたしは読書のおもしろさとは、当人が本を読むことによって発見するしかないと思っています。ですから、本のおもしろさを聞くよりも、そのおもしろさが分かる本の読み方とか、どのように読書の技術を使ったのかということに関心があります。それが分かれば自分で試せるからです。

読書のすすめとして必要なのは、読書するということそのものが実行できる読書論です。そのためには、読書論の話においては、自ら実行している読書の根本まで掘り下げて考える必要があります。読書について自ら探求することが深ければ深いほど、読書の根本にある地下鉱脈を通じて他の人たちと通じ合える道が開けてくるでしょう。

2 日々の読書の習慣

現代の人は何かと忙しく暮らしています。暮らしのための仕事に追われるように生きていま す。読書に十分な時間をかけて過ごせる人は少ないものです。学者や研究者でもないかぎり、書斎にこもって読書することはほとんどないでしょう。しかし、読書を自らの生き方に取り入れて習慣とした人は、特別な独力もせずに、いつでも、どこでも読書をしています。

わたしもそんなひとりです。時間と場所に応じて読書をしています。家の食堂のテーブル、トイレの中、電車の中、駅のホーム、待合せの場所、喫茶店、寝る前の寝床の中、横目でテレビを見ながら読むこともあります。

朝、起きてすぐに読むのは哲学書です。オルテガの著作集、ニーチェの文庫版全集、コンラート・ローレンツの著作などを、毎日10ページほどずつ黙読します。わたしは黙読では必ず「音《おん》読み」です。シャープペンシルを手にして印つけをしながら読みます。トイレに入るときには、英文のS・K・ランガー『マインド』を3ページほど読みます。音読の「小声読み」です。

外出するときには、文庫か新書の本を三冊持って行きます。同じジャンルの本を持たないようにします。理論書と文学書といった組み合わせにします。たとえば、小説と随筆とおもにコトバについての本、文章の書き方、話し方などについて書かれた本です。近ごろ読んだのは、夏目漱石『硝子戸の中』、『若山牧水随筆集』などです。

駅で電車を待つときは、ホームで立ち読みをします。黙読の「音《おん》読み」です。シャープペンシルによる印つけはいつでも実行します。電車の中では、立っていても腰かけていても読みます。その日の気分で、三冊の中からいちばん読みたいと思うものを最初に手に取ります。10ページほど読んで頭が疲れたなという感じがしたら、すぐに別の本に持ち替えます。同じ本を何十ページも続けて読むことはしません。ちがう分野の本に切り替えて読むことによって気分転換ができるので、それぞれの本を集中して読むことができます。

夜になってからの読書は、軽い文章で書かれたエッセイになります。仕事の疲れや朝昼の読書の疲れがあるのでのんびりできる本を選んでいます。本を読むことは楽しいので、テレビはほとんど見ません。わたしの読書量は一日平均50ページくらいです。一ページを読む平均時間は三分くらいですから、一日の平均読書時間は一時間半ほどです。

3　読書は一人でするもの

読書は一人で本と向き合って実行するものです。孤独なものです。だから、いつでも、どこでも、本が読めるのです。電車の中でも喫茶店でも、周りの人が自分と関係なく行動しているので人を気づかうことなく集中できます。不思議なことに、図書館では同じようなことをしている人がいるので、いったいどんな本を読んでいるのだろうかとかえって気になるものです。

近ごろでは、「耳からの読書」と言って録音の朗読が聞けます。「オーディオブック」と称して販売されています。これは読書ではありません。子どものための「読み聞かせ」も同じです。読み手は読書をしていますが、聞き手は話しを聞いているのです。読書することと話を聞くこととはまったくちがいます。読書とは、文字で書かれた文章を当人が読むことなのです。ですから、結局、一人で読まねばなりません。

また、共同の読書の場として「読書会」があります。読書会とは言っても読書をする会ではありません。たいてい参加者が話し合うための会です。本を話のタネにして意見を交換する場です。話し合いで話していることは読書から外れています。読書会に出るための読書が本来の読書になります。読書で何よりも大切なのは、それぞれがひとりで本と向き合って、文章を読みながら本の内容を理解する過程なのです。

しかし、共同の場でも各人が読書のできる会があります。わたしの参加している日本コトバの会のコトバ総合研究会です。あくまで本を読むことを中心にした読書会です。参加メンバーは五人、テキストには、S・K・ランガー著『芸術とは何か』（岩波新書）を使っています。

司会者が会の進行をします。指名されたひとりが一段落を「理解読み」の音読でゆっくりと読みます。ほかの参加者はテキストを目で追いながら黙読の「音読み」をしながら印つけをします。読み終わったら、読んだ人がいま読んだ部分の意味を解説します。解釈は語りません。あくまで文章の意味の解説です。理解できないところについては、「ここの意味が取れない」と述べます。すると、他の参加者が「それはこういう意味だ」と自分の意見を語ります。

最初は今読んだ文章を繰り返すようなことになりますが、それでもいいのです。半年も過ぎると本のコトバを自分のコトバに翻訳しながら内容を語れるようになります。そのようにして、本の文章の意味が分かってから初めて、参加者それぞれが連想したことや考えたことについて話し合うことになります。さらに、近ごろの関心へと話しが発展することもあります。このようにして一回二時間の例会でゆっくりと3ページくらいを読みます。

本を読むことはひとりの行為ですが、このようにほかの人の助けを借りることもできます。この方法はひとりで行う読書の過程をほかの人と共有して読書の世界を広げるとともに、お互いの読書法の研究にもなっています。

コラム 1

「○読」のいろいろ

「○読」という漢語で読み方を表した言葉はいろいろあります。どれくらいあるのか、アイウエオ順にざっとあげてみましょう。

△をつけたものは、まだ定着していない漢語か、わたしが考えた造語です。すべて読めますか。それぞれの意味もわかりますか。

「愛読、一読、閲読、音読、会読、回読、解読、玩読、△孤読、再読、熟読、精読、声読、速読、卒読、粗読、素読、△単読、△遅読、通読、併読、味読、黙読、訳読、濫読、乱読、輪読、朗読」

これらの漢語を分類してみましょう。

・**ていねいな読み方**——何よりも精読、熟読、味読です。玩読は古い言葉です。内容を理解して読むのは解読、訳読です。本に対する愛情から読むのが愛読です。

・**乱暴な読み方**——ざっと読むのが通読、卒読、一度読むのが一読、次々に本を変えて読むのが乱読、あらっぽいのが粗読です。

・**速く読むかゆっくり読むか**——とにかく速く読むのが速読、ただ単に遅いのが△遅読です。遅ければいいという訳ではありません。

・**一人で読むかみんなで読むか**——読書が一人のものなら△孤読と言いたいものです。一冊の本を数人で回して読むのが回読、いっしょの場で読むのが会読、輪読です。

・**何冊を同時に読むか**——一度に何冊も読むのが併読、一度に一冊なら△単読です。

・**声に出して読むか**——声を出さないのが黙読、声を出すのが音読、文学を人に聞かせるのが朗読、声に表現があれば△声読になります。わたしは表現よみと言います。

・**理解の深い読み方**——深く理解するのが解読、調べのために読むのが閲読、外国語の本を訳して読むのが訳読です。

・**一冊を何回読むのか**——一度で読むのが一読、二回目からの読みが再読です。

読書の目的と本の種類から選択しましょう。

第2部

基礎編　文を読む

01 ダイ・ドドナ・ドドナの読み取り

1 5W1Hとダイ・ドドナ・ドドナ

文章の中から情報を読み取るためには、5W1Hが基本です。次の六つの要素です。

WHO――だれが
WHEN――いつ
WHERE――どこで
WHAT――なにを
WHY――なぜ
HOW――どう（どのように）

これは英語なので日本人には覚えにくいものです。日本語でまとめたものが、「ダイ・ドドナ・ドドナ」の八要素です。詳しくは、「ダレガ・イツ・ドコデ・ドンナ・ナニヲ・ドウ・ドウスル・ナゼ」です。次のページの一覧表をご覧ください。

2　ダイ・ドドナ・ドドナの項目

(1) ダレガ（ナニガ）——文には必ず主部・述部があります。主部にあたるものが「ダレガ」の要素です。人とはかぎりません。ものの場合には、主格は「ナニガ」になります。強調するための「は」「も」などがつくこともあります。その場合でも、助詞の「が」がつけられるかどうかが主部を見分ける手がかりです。

(2) イツ（トキ）——「時間」に関する要素の読み取りです。「時間」と「時刻」とのちがいがあります。時間とは、ある瞬間から次の瞬間までのあいだのことです。時刻というのは、ある瞬間の時の意味です。たとえば、どこかに集まって出かけるときの待ち合わせは、「集合時刻」です。

(3) ドコデ（トコロ）——大きな意味では「空間」のことです。国や土地といった大きなものから、細かくは、場所、位置、方向まであります。国名や地名も、文中で空間を示すことがあります。

(4) ドンナ（ドノヨウナ）——「もの・こと」への修飾語です。というよりも意味の「限定」

です。学校では連体修飾語と教えます。あるものについて「どんなものですか?」と問われたとき意味を制限します。ただの「空」ではなく「美しい空」、ただの「雲」ではなく「白い雲」という表現です。

(5)ナニヲ――他動詞には「……を」が付く要素が必要です。また、「補文素」として、「に、と、へ、より、から」という助詞のつく要素が必要です。「わたしは食べた」という主部・述部の文では、さらに「ナニを」という要素が必要です。「わたしはパンを食べた」というふうに文が組み立てられます。また、「私は旅行に行った」という文には、「ドコへ」か「ドコに」という要素が必要です。

(6)ドウ(ドノヨウニ)――これは連用修飾語と言われます。連用の「用」は「用言」、つまり、動詞や形容詞や副詞のことです。そのようすについて限定します。「歩く」というとき、「ゆっくり歩く」とか「のんびり歩く」と行動をより明確に表現します。

(7)ドウスル(ドウダ)――行動、動作、行為と言った動きが述べられます。文が成り立つためには欠かせません。行動のほかには、「……がある」といった存在も含まれます。文の述部が形容詞ならば「ドウダ」、名詞ならば「ナニダ」の要素です。

(8)ナゼ――英語では「理由」を示すのですが、日本語では少しアイマイです。「なぜですか」

●ダイ・ドドナ・ドドナの要素

略語	要素	要点	文例
ダ	ダレガ WHO	人、人数、性格、性質	・ふと気が付いて見ると書生はいない。たくさんおった兄弟が一疋も見えぬ。
イ	イツ WHEN	時間、時刻、時代、年月日	・その後いろいろ経験の上、朝は飯櫃の上、夜は炬燵の上、天気のよい昼は椽側へ寝る事とした。
ド	ドコデ WHERE	空間、場所、位置	・ようやくの思いで笹原を這い出すと向うに大きな池がある。吾輩は池の前に坐ってどうしたらよかろうと考えて見た。
ド	ドンナ ―	状態、ようす	・ただ彼の掌に載せられてスーと持ち上げられた時何だかフワフワした感じがあったばかりである。(二重線は被修飾語)
ナ	ナニヲ WHAT	人、もの、こと、対象	・吾輩は時々忍び足に彼の書斎を覗いて見るが、彼はよく昼寝をしている事がある。
ド	ドノヨウニ HOW	方法、やり方、手段	・そのうち池の上をさらさらと風が渡って日が暮れかかる。腹が非常に減って来た。
ド	ドウスル ―	したこと、行動、行為、	・吾輩はここで始めて人間というものを見た。しかもあとで聞くとそれは書生という人間中で一番獰悪な種族であったそうだ。
ナ	ナゼ WHY	理由、動機、きっかけ、目的	・これはあながち主人が好きという訳ではないが別に構い手がなかったからやむを得んのである。

と問われたとき、「動機」「きっかけ」「目的」の場合もあります。

3 ダイ・ドドナ・ドドナの拾い出し

ダイ・ドドナ・ドドナの要素は、どんなジャンルの文章でも使える読み取りの基本です。簡単な文を例にして、これらの要素を拾い出してみましょう。次の文では、六つの文節のすべてが前述の八つの要素のいずれかに当てはまります。（川端康成『雪国』）

> 国境の／長い／トンネルを／抜けると、／そこは／雪国であった。

まず、①から⑥までのそれぞれが八つのうちのどの要素に当たるか考えてみてください。

> ①国境の／②長い／③トンネルを／④抜けると、⑤そこは／⑥雪国であった。

答えは次の通りです。

①ドコデ――国境　②ドンナ――長い　③ドコヲ――トンネル　④ドウスル――抜ける　⑤

ドコ――そこ　⑥ドウダ／ドコダ――雪国

以上の要素を取り出して文を組み立てると次のようになります。これが文の要約の基本です。このような文を「骨格文」と言います。

ドコの　**ドンナ**　**ナニ**を　**ドウ**すると　**ドコ**が　**ドウ**だった。

「ドウスル」があれば必ず主部があります。この文では隠れていますから、それは何か考えてください。ほかに、書かれていない「トキ」も読みとれます。「雪国」という言葉から季節は冬だとわかります。その前提は、作者が日本の作家だということ、日本には四季があることです。ダイ・ドドナ・ドドナの要素が、本から情報を読み取る基本になります。

ダイ・ドドナ・ドドナの読み取り方は二段階です。第一は、文章に書かれた要素を正確に読み取ること、第二は、書かれていない要素を補うことです。第一段階では、だれが読んでも同じように内容が理解できます。しかし、第二段階において、欠けた要素が読み取れるかどうかによって理解の深さに差が出ます。そこから、読み手による解釈のちがいが生まれてくるのです。

02 文の区切り方――「首」と「くさび」

1 文は文節で区切られる

読書というのは本に書かれた文章を読むことです。文章は文と文とのつながりです。一つ一つの文を少しずつ区切って読みながら意味を理解していきます。一文を一気に読んでしまって、あとから意味を考える人もいますが、それもアタマの中で文を区切り直しているのです。

文は句点（いわゆるマル）で終わるひとまとまりです。さらに、読点（いわゆるテン）で区切られることもあります。文の内部を読点で区切って読めば意味が取れるとは限りません。文の意味を理解するには、読点に加えて、文節の区切りとつながりを読み取る必要があります。

子どもは最初、一文字ごとに声に出して読みます。文字を読む練習です。次の段階で語句のまとまりが分かります。その次の段階では、文節の区切りと関連が分かります。文節は、一つの自立語、またはそれに付属語のついたものです。文の意味を考えるための最小の単位です。

2 文はどのように区切られるのか？

次の図はタテ書きの文の典型です。上から下に読んでいきます。一つ一つの区切りが文節を示しています。図では八つの文節になります。文節の基本的な二つの関係を「首」と「くさび」と名づけました。「首」とは、次の文節にはつながらない文節、「くさび」とは、文節が次々と連続してつながった部分のことです。

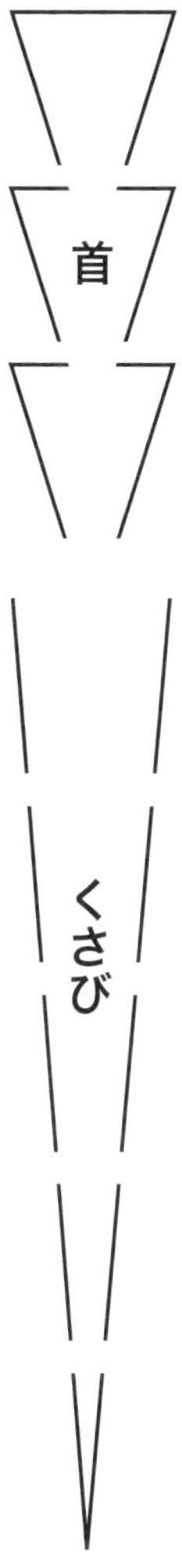

実際の文で「首」と「くさび」を見てみましょう。次の文は、夏目漱石『硝子戸の中』の冒頭です。意味を考えながら、読点のまとまりごとにゆっくり音読してください。

> 硝子戸の中から外を見渡すと、霜除《しもよけ》をした芭蕉だの、赤い実の結《な》った梅もどきの枝だの、無遠慮に直立した電信柱だのがすぐ眼に着くが、その他《ほか》にこれと云って数え立てるほどのものはほとんど視線に入って来ない。

今度は、文節に区切りの印をつけて示します。「首」の区切りは//、「くさび」は/で示します。読点には、区切りの記号は不要です。//が意味の区切りになります。

それでは、もう一度、つながる文節とつながらない文節とを意識して読んでください。

> 硝子戸の/中から//外を/見渡すと、霜除を/した/芭蕉だの、赤い/実の/結った/梅もどきの/枝だの、無遠慮に/直立した/電信柱だのが//すぐ/眼に/着くが、その他に//これと/云って/数え/立てる/ほどの/ものは//ほとんど//視線に/入って/来ない。

文節の区切りが分かると、文の意味が取りやすくなります。そのために、読書をするときに区切りに印つけをするのです。

3 係り受けの三通り

文節と文節とがつながる関係は次の三通りです。そのつながりを「係り受け」の関係といいます。文中における文節のはたらきを「文素」と呼びます。学校で教える主語が主文素、述語が述文素にあたります。次の例で、「係る」文素は直線、「受ける」文素は波線で示します。

①主文素と述文素　空が　明るい

②補足文素と述文素　話しを　する

③修体・修用文素と述文素　かわいい　帽子（修体）・ゆっくり　歩く（修用）

例文から係り受けの関係を取り出しました。「くさび」の内部の係り受けは省略しました。係ることばに傍線、受けることばには二重線を引いて、下に品詞名を書きました。丸数字は係り受けの三通りの区別です。「首」としてカッコ書きしたのは、先の文節に係るはたらきです。

（1）硝子戸の 中（から）　③修体文素＋名詞

（2）外を 見渡す（と）　②客文素＋動詞

（3）霜除をした 芭蕉だの　③修体文素＋名詞

（4）赤い実の結《な》った 梅もどきの枝だの　③修体文素＋名詞

（5）無遠慮に直立した 電信柱だの（が）　③修体文素＋名詞

（6）すぐ　「首」（③修用文素）

（7）眼に 着く（が）　②補文素＋動詞

●──文の成分・要素一覧表

	正式用語	学校用語	入門用語	用例
(1) 主要成分	①主部・主文素	主語	ナニガ／ダレガ	ヒトが・モノが・コトが
	②述部・述文素	述語	ドウスル	ドウする・ドウだ・ナニだ
(2) 必要成分	③客文素	客語・目的語	ナニヲ	ヒト・モノ・コト↓を
	④補文素	補語	ナニニ	ヒト・モノ・コト↓に・と・へ・より・から
(3) 自由成分	⑤修体文素	連体修飾語	ドンナ	青い空・白い雲・私の本
	⑥修用文素	連用修飾語	ドウ	ゆっくり歩く・ときどき出かける
	⑦時・所（修用）文素	連用修飾語	トキ・トコロ	昔・元文元年・水中で

（8）その他‖（に）　③修体文素＋名詞
（9）これと云って‖　③修用文素＋動詞
（10）数え立てるほどの もの‖（は）　③修体文素＋名詞
（11）ほとんど　「首」（③修用文素）
（12）視線に 入って来ない‖　②補文素＋動詞

（4）と（5）は複雑です。「係り」の部分で、いくつかの文節が重なっているからです。そこの係り受けをもう少し細かく分析しましょう。
文の要素の番号を文節ごとにつけます。↓は、係り受けの流れです。

〈《赤い　実の　結《な》った　梅もどき》の　枝‖〉だの（が）
⑤修体↓　①主（が）↓　②述（文）＝⑤修体↓　⑤修体↓（①主文素）（だのが）

〈赤い実の結った〉は文ですが、修体として「梅もどき」に係ります。さらに、〈赤い実の結った梅もどき〉が修体として「枝だの」に係ります。そして、助詞の「が」がつくと、〈赤い実の結った梅もどきの枝だのが〉の全体が主文素として、述文素「目に着く」につながります。

もう一つ、(5)も見てみましょう。次のようなつながりがあります。

〈無遠慮に　直立した　電信柱〉だの(が)

⑥修用↓　②述(文)　⑤修体↓(①主文素)(だのが)

こちらの例でも、文節の係り受けの役割が変化します。文が読まれていくのにしたがって、「くさび」の中の語句の役割が変化するのです。ですから、文を読むときには、語順どおりにていねいに読んで意味を取る必要があります。語順が変われば文の意味は変わります。本のページから語句を拾い出すような読み方では文の意味は読み取れません。

読書の基本は一文一文を語順どおりにていねいに読むことです。そして、一文ごとに文の区切りとつながりを意識して意味を理解していくことです。当たり前のことのようですが、実際の読書においてはなかなか実行されていないことです。

コラム 2

学校文法と読解の文法

学校文法では、文の成分を、「主語、述語、修飾語」と三つの「語」で区別して教えています。それに対して、この本では、文の組み立てを「主文素、述文素、補足文素（客文素・補文素）、修飾文素（修体文素、修用文素）」という六つの「文素」に分けています。

「補足文素」に特徴があります。文の中心は「主部＋述部」です。たとえば、「空が青い。」という単純な文です。ところが、「私はご飯を食べる。」では「主部＋述部」に「ご飯を」という要素が加わります。これは単なる修飾語ではありません。この文では「食べる」という行為が成り立つためには不可欠です。述部の「食べる」を補足するのに必要な「補足文素」なのです。

つまり、述部の動詞や形容詞によって、述部を補足する成分を必要とするのです。客文素には「を」、補文素には「に、と、へ、より」などの助詞がつくことから見分けられます。

英語の「目的語」や「補語」に当たる言葉です。それらを学校文法のように「修飾語」とはしないで特に区別します。つまり、「修飾語」をまず「補足文素」と「修飾文素」に分けて、さらに「修飾文素」を、「修体文素（いわゆる連体修飾語）」と「修用文素（いわゆる連用修飾語）」と二つに分けるのです。

文の要素のことを「語」とは言いません。「文素」と呼びます。「語」とは、まさに文中のその語そのものを意味しますが、「文素」とは、文中におけるその語句のはたらきを表わします。「文素」とは、文中における「文節」の役割を意味するのです。

たとえて言うならば、『ハムレット』の舞台を見ていて、ある俳優を「ハムレット」とは呼ばずに、「主役」と呼ぶようなものです。それと同じように、わたしたちは文中の文字を見ながら、その語句の働きから文の意味を読み取っているのです。

03 「単位文」と文の組み立て
――重文と複文

1 文と「単位文」

文について、辞書には「文章のなかで句点でひとまとまりになる意味のつながり」などと書かれています。しかし、短い文もあれば長い文もあります。長い文では一つの文でひとまとまりの意味とは言えません。意味がいくつもあります。

文には、一つの意味を成り立たせる基本単位があります。それを「単位文」と呼びます。単位文とは、主部・述部による判断の単位です。書き手が「責任」をもって、主部（ナニガ）と述部（ナニダ）とを関係づけて「判断」します。

●――判断の図

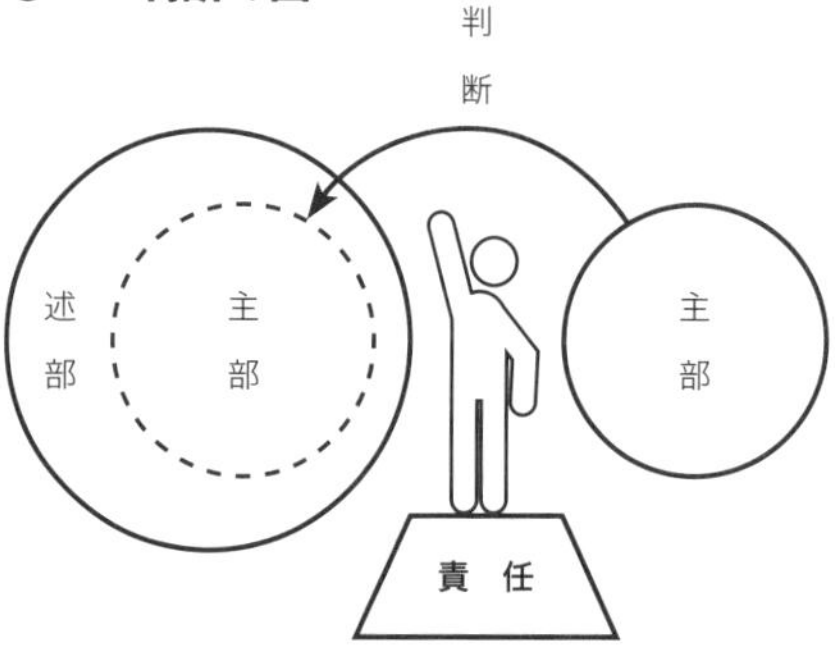

単位文を基本にすると文の意味がよくわかります。文の構造と意味とは一体化しています。文の構造が分かれば意味も分かるし、文の意味が分かると構造も見えてきます。

2 「単位文」の3種類

単位文の種類は三つです。次ページの一覧表をご覧ください。

(1) 動詞述語文――主部となるモノ・コトについて「動き」「行動」「行為」を述べる文です。「だれが／なにが→どうする」というかたちで表現します。「ドウダ文」と略します。

(2) 形容詞述語文――主部となるモノ・コトの「様子」や「状態」を述べる文です。形容詞は活用のちがいで二種類に分けられます。一つは「イ形容詞」です。名詞につなげると「美しい花」とか「楽しい時間」のように語末が「い」になります。学校で習った形容詞のことです。もう一つは、「ナ形容詞」です。名詞につなげると「元気なこども」とか「さわやかな風」のように語末が「な」になります。学校では形容動詞と教えます。「ドウダ文」と略します。

(3) 名詞述語文――主部となるモノ・コトが、何と同じなのか、何の仲間として区別されたり、分類されるかを述べる文です。「ナニダ文」と略します。

それぞれ表現の性質がちがいますから、文を読むときの理解の仕方が変わります。

日本語の三つの文型

	図式	解説
（1）動詞述語文	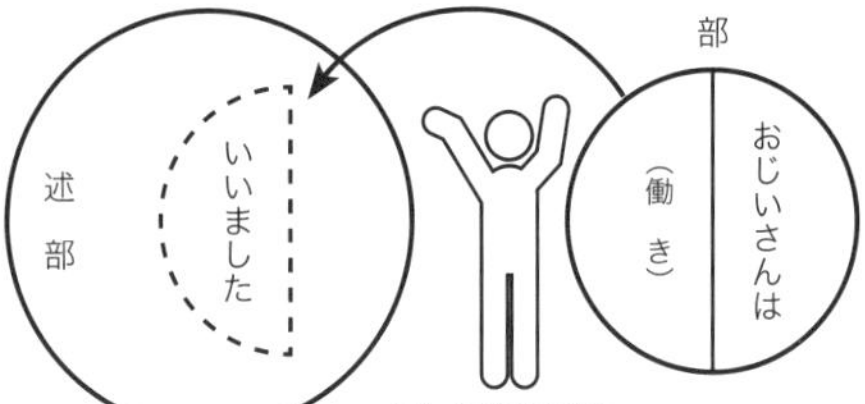 （1）動詞述語文	モノ・コトの「動き」や「存在ある」をとらえる文のはたらき＝ドウスル文
（2）形容詞述語文	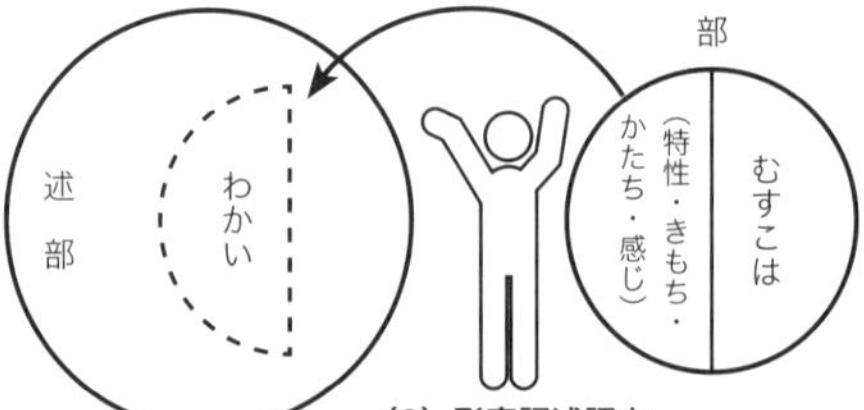 （2）形容詞述語文	モノ・コトの「ようす・状態」をとらえるはたらき＝ドウダ文
（3）名詞述語文	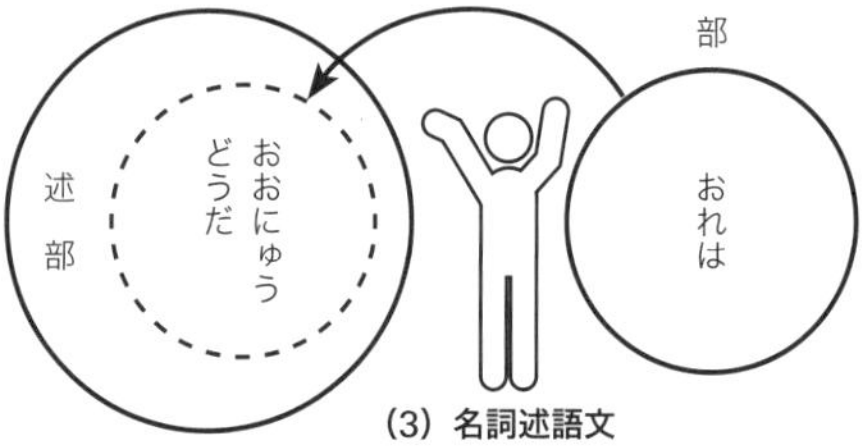 （3）名詞述語文	あるモノ・コトを意味の広い言葉に入れて分類・区別をするはたらき＝ナニダ文

3 「文」の単位としての「単位文」

一つの文はいくつかの「単位文」で組み立てられるのが普通です。「単位文」が一つで成り立つ文の方が少ないのです。文の組み立ては四通りです。81ページの表をご覧ください。

(1) 単文——一つの文が一組の単位文からできている文

(2) 重文——文のなかで、単位文が直列につながっている文

(3) 複文——文のなかで、ある単位文のなかに別の単位文が組み込まれている文

(4) 重複文——一つの文に重文か複文が二つ以上組み込まれてできている文

文の組み立ての基本は、重文と複文の二つです。重複文は重文と複文との組み合わせです。次の重文には三つの「単位文」が重なっています。単位文の切れ目にあいだをあけました。

> 雨が上がったので　三四郎は傘をたたんで　歩き出した。

この「文」から、次の三つの単位文の意味が読み取れます。

①雨が上がった。②三四郎は傘をたたんだ。③三四郎は歩き出した。

さらに文と文との論理づけも確認できます。①と②は「だから」の関係、②と③とは「そして」の関係です。文を「単位文」によって分析するとともに論理づけることが文の理解です。

それでは、複文の例も見ておきます。次の文のなかには「単位文」が二つあります。

私は スズメが 食べる えさを ベランダに まいた。

大きな文は「私は……をベランダにまいた。」です。「……を」に「スズメが食べるえさを」というまとまりが組み込まれています。これはもとは文でした。「スズメがえさを食べる」という「単位文」です。文中のいろいろな部分に単位文を組み込んで複文を作ることができます。そのかたちはいろいろです。文章を読みながら、山カッコの印つけをしていくと、いくらでも発見することができます。

文の意味を読み取るときに文構造をとらえることはとても重要です。文の意味がつかめないときには、文のかたちを見ることから始めましょう。単文、重文、複文、重複文という文のかたちが見えてくると、文の意味もはっきりと分かってきます。

●単文・重文・複文の構造図

構造	定義	図式例	例文
(1) 単文	単位文一つで組み立てられた文	主部＋述部。	カエルが鳴いた。 空が明るい。 山田くんは学生だ。
(2) 重文	単位文が直列につながった文	主部→述部、主部＋述部、主部＋述部。	私は家を出て駅まで歩いて駅についた。
(3) 複文	大きな単位文に小さな単位文が組み込まれた文	主部1＋主部2→述部2を＋述部1。 ※助詞＝を、に、と、へ、より、から……	私はネコが食べた餌を片づけた。
(4) 重複文	重文と複文が組み合わされた文	重文、複文。重文、重文。	ネコが鳴いて、騒いでいるので、私は猫が食べる餌を投げてやった。

04 主部と述部との読み取り
——中島敦「山月記」

1 主部・述部の読み方

文を読むときに、もっとも重要なのが、主部・述部の読み取りです。述部のない文はありませんが、主部はよく省略されます。そのほかにも、省略されやすい要素がいくつかあります。文の意味を取るときには、省略された要素を補います。それが、いわゆる「行間を読む」ための基本なのです。

文は、「主要成分」である「主文素」と「述文素」の結びつきです。主文素が省略されていたら、必ずそれが何に当たるか考えます。文によってはさらに、主部・述部を補足する文素が二種類あります。それぞれ、終わりにつく助詞で区別できます。「を」のついた「客文素」と、「に、と、へ、より、から」のついた「補文素」です。これらも、「述文素」と縁があるのでしばしば省略されます。さらに、「修体文素」と「修用文素」がありますが、「述文素」と縁のな

い「自由成分」なので省略は許されません。（72ページ「文の成分・文素一覧表」参照）

2 「山月記」の冒頭を読む

文から主部・述部を読み取る練習として、中島敦「山月記」の冒頭の一段落を読んでみます。文の数は十五です。文ごとに丸数字をつけて、一文ずつ、主部・述部の確認をしていきます。

①の文は、単位文に区切ると六つになります。主部はマルで囲み、述部にはセンをつけて示します。主文素が名詞句であるときには、山カッコの印つけをします。

> ①隴西《ろうさい》の李徴《りちょう》は博学才穎《さいえい》、天宝の末年、若くして名を虎榜《こぼう》に連ね、ついで江南尉《こうなんい》に補せられたが、性《せい》、狷介《けんかい》、自ら恃《たの》むところ頗《すこぶ》る厚く、賤吏《せんり》に甘んずるを潔しとしなかった。

単位文ごとに主部と述部を明確にした文に書き換えてみます。省略された客文素、補文素も補います。文と文との論理を示す接続語も補います。このような文を「骨格文」と呼びます。

「李徴は博学才穎である。李徴は名を虎榜に連ねた。李徴は江南尉に補せられた。（だが）性は狷介である。李徴は〈自ら恃むところ〉が厚い。（ので）賤吏に甘んずるを潔しとしなかった。」

文を読んで理解することは、原文の丸暗記ではありません。また、原文の要約でもありません。自分の「コトバのアミ」の中のコトバを使って、原文のコトバの意味を自分のコトバの意味に近づけるのです。いわば翻訳のような作業です。そのために、アタマの中で文章を書き直したり、削ったりします。いわば添削です。それが文章の解釈なのです。

3 文の要約と添削

これからは、印つけをした原文を一文ずつ示します。印つけを手がかりにして、「骨格文」への書き換えをします。次の文は単位文が四つです。省略された文素はカッコに入れます。

> ②いくばくもなく官を退いた後は、故山、虢略《かくりゃく》に帰臥《きが》し、人と交《まじわり》を絶って、ひたすら詩作に耽《ふけ》った。

骨格文＝「李徴は官を退いた。（李徴は）虢略に帰臥した。（李徴は）人と交わりを断った。（李徴は）詩作に耽った。」

次の文では二つの名詞句を山カッコでくってAとBとに置き換えます。

③下吏となって長く膝を俗悪な大官の前に屈するよりは、詩家としての名を死後百年に遺《のこ》そうとしたのである。

骨格文＝「（李徴は）〈A〉よりは、〈B〉しようとした。」

④しかし、文名は容易に揚《あが》らず、生活は日を逐《お》うて苦しくなる。

骨格文＝「しかし、文名が揚がらない。生活が苦しくなる。」

⑤李徴は漸《ようや》く焦躁に駆られて来た。

次の文は、重複文の構造で、重文の部分で単位文が四つ重なっています。描写される主部が次々変化します「容貌→（顔の）肉→（顔の）骨→眼光→美少年の面影」という流れです。

⑥この頃からその容貌も峭刻《しょうこく》となり、肉落ち骨秀で、眼光のみ徒らに炯々《けいけい》として、曾《かつ》て進士に登第した頃の豊頬の美少年の俤《おもかげ》は、何処《どこ》に求めようもない。

骨格文＝「(李徴の) 容貌が峭刻となる。肉が落ちた。骨が秀でた。眼光が炯々とした。美少年の面影はない。」

⑦数年の後《のち》、貧窮に堪《た》えず、妻子の衣食のために遂に節を屈して、再び東へ赴き、一地方官吏の職を奉ずることになった。

骨格文＝「(李徴は)貧窮に耐えられなくなった。(李徴は)節を屈した。(李徴は)東へ赴いた。(李徴は) 官吏の職を奉じた。」

「一方」は「他方」と対比する接続語です。「これ」は前文を受けています。

⑧一方、これは、己《おのれ》の詩業に半ば絶望したためでもある。

骨格文＝「一方、これは〈（李徴が）詩業に絶望した[ため]〉である。」

⑨曾《かつ》ての同輩は既《すで》に遥か高位に進み、彼が昔、鈍物として歯牙《しが》にもかけなかったその連中の下命《かめい》を拝さねばならぬことが、往年の儁才《しゅうさい》李徴の自尊心を如何《いか》に傷けたかは、想像に難くない。

骨格文＝「同輩が高位に進んだ。〈……こと〉が、（李徴の）自尊心を傷つけた。」

あとは、解説なしで印つけを示します。印つけから骨格文を読み取ることができます。

⑩彼は怏々《おうおう》として楽しまず、狂悖《きょうはい》の性《せい》は愈々《いよいよ》抑《おさ》え難くなった。
⑪一年の後、公用で旅に出、汝水《じょすい》のほとりに宿った時、遂《つい》に発狂した。
⑫或夜半《あるやはん》、急に顔色を変えて寝床から起き上ると、何か訳の分らぬことを叫びつつそのまま下にとび下りて、闇の中へ駆出《かけだ》した。
⑬彼は二度と戻って来なかった。
⑭附近の山野《さんや》を捜索《そうさく》しても、何の手掛りもない。
⑮その後《ご》李徴がどうなったかを知る者は、誰もなかった。

05 項目の読み取り——エミール・ファゲ『読書術』

1 文中の項目の読み取り

エミール・ファゲ『読書術』は、「読書論」の古典的な著作です。よく知られているのは、「ゆっくり読む」という読書の提唱です。速読ばやりの現代においては重要な指摘です。「まえがき」から引用しましょう。最初は「学ぶため」の読書の方法です。

「もしそれが自ら学ぶためであるならば、我々は極めてゆっくりと読まなければならぬ。ペンを手にして、書物が我々に教えるすべてのこと、その書物が含んでいる我々の知らないすべてのことをノートしながら——それから、自分が書いたすべてのものを、極めてゆっくりと読みかえさなければならぬ。」

そして、批評のための読書については次のような作業が必要だと述べています。

「著作を判断するため、別の言葉で言えば批評家として読むとせんか？ これも全く同様に、極めてゆっくりと、ノートを取りながら、又カードに書き込みさえしながら読まなければならぬだろう。」

「まえがき」はじつに内容が豊かです。文庫本でわずか4ページほどですが、ていねいに読むべき文章です。その中に、読書カードのとり方が書かれています。そして、本との「討論」についても書かれています。その部分を引用しますのでゆっくりと読んでみてください。

> 発見や新しい観念に関するカード、著者が彼の観念や物語を導き、あるいは観念を物語に混えるところの配列や、プランや、手法（マニュアル）に関するカード、文体や言葉についてのカード。最後に討論。即ち諸君と著作との観念の比較に関する討論、諸君が持っている趣味と著者のそれとの比較に関する討論、彼の観念および趣味と我々の世代あるいは彼が属していた世代のそれとの比較に関する討論、等。

ざっと一読して意味が取れる文章ではありません。このくらいの文章では、印つけと文構造の分析が必要です。カードの取り方は何項目あるのでしょうか。そして、どんなカードを取るべきだと言うのでしょうか。わたしの印つけをご覧ください。

①発見や新しい観念に関するカード、著者が彼の観念や物語を導き、あるいは観念を物語に混えるところの配列や、プランや、手法（マニュアル）に関するカード、文体や言葉についてのカード。

カードに書き抜くべきことは次の三項目です。山カッコをつけた部分を抜き出します。

(1) 発見や新しい観念に関するカード
(2) 著者がａ 彼の観念や物語を導き、あるいは、ｂ 観念を物語に混えるところの ① 配列や ② プランや ③ 手法に関するカード
(3) 文体や言葉についてのカード

（1）と（2）は簡単です。ただし言葉の解釈が必要です。（1）の「発見」は本から見つけたこと、「新しい観念」とは新しく知った考えのことです。（3）の「文体」は文章の言い回し、「言葉」とは気になる「用語」でしょう。それらをカードに書き抜いたらいいと言うのです。

（2）の理解はめんどうです。ていねいに読み込まないと意味が取れません。まずは、文構造の図式です。接続語を手がかりに山カッコでくくります。省略された語句も補います。

《a 彼の観念や物語を導き、あるいは、b（彼の）観念を物語に混える》ところの①配列や②プランや③手法に関するカード〉

a と b とは、「あるいは」という並列の関係で「ところ」に係ります。とりあえず、その意味を大づかみにしておくと、「彼」つまり著者が本を書くときの考えの過程です。

その全体が、あとの①配列、②プラン、③手法、が並列になったところに係るのです。しかし、三つの項目には、ちがいがあります。①は、書かれた結果、②は、どう書くかという計画、③は、読者が読み取った書き方の技術です。この三点それぞれに、a と b のそれぞれがつながっています。ですから、組み合わせようで、六通りの係り受けが成り立つわけです。

もう一度、最初にもどると、a と b との考えの過程にはちがいがあります。著者の「観念」は共通です。a は、著者の「観念」や「物語」は、あとの三項目から導かれます。それに対して、b では、あとの三項目が「観念」を「物語」に「混える」というのです。

では、「導く」と「混える」とのちがいは何でしょうか。「導く」というのは、あとの三項目が「著者」の書く物語を導いてくれるのです。そして、「混える」というのは、あとの三項目が著者の観念に「物語」を「混える」、つまり溶け込ませるというような意味になります。

ここまで考えたことをまとめましょう。要するに、読者がカードに取るべきことは、著者の観念の配列、物語のプラン、文章展開の技術というものだということになります。

2 読書における「討論」

もう一つ「まえがき」にはおもしろい問題が取りあげられています。読書における「討論」ということです。「討論」とは比喩的な表現です。本と読者との考えを「比較」するという意味です。書かれている「討論」の項目は三項目です。接続語と指示語に注意して読みましょう。

> ②最後に討論。即ち諸君と著作との観念の比較に関する討論、諸君が持っている趣味と著者のそれとの比較に関する討論、彼の観念および趣味と我々の世代あるいは彼が属していた世代のそれとの比較に関する討論、等。

（1）諸君 と 著作との観念の比較に関する討論

（2）諸君が持っている趣味と著者の それ との比較に関する討論

（3）著者の観念 および 趣味と a 我々の世代 あるい は b 彼が属していた世代の それ との比較に関する討論

（1）は、「諸君（個々の読者）」の考えと「著作（本）」の考えとの比較です。（2）は、読者の「趣味」と著者の「趣味」の比較です。「趣味」というのは思考よりももっと広い好みや感覚や気分というものです。（1）は「著作」との比較、（2）は「著者」との比較、二つは区別されています。（3）は理解がめんどうです。「著者」の考えや好みを、人間の「世代」と比較するのです。二つの「世代」が並列にされています。一つは、「我々の世代」つまり今の「読者の世代」、もう一つは、著者の「世代」です。つまり、著者個人の思想や好みを、ただ個人のものとせずに、読者の世代の考えと比較したり、著者の生きた時代のほかの人々の考えと比較してみるのです。それをファゲは「討論」と表現しているのです。

以上、ファゲの『読書論』のわずか四、五行を読みました。ごく短い文章でも、文の組み立てにしたがって読み込んでいくなら、そこから深い内容を読み取ることができるのです。

06 文を声に出して「読む」——室生犀星「女ひと」

1 文を「読む」ということ

文学作品を味わうためには音読をするとよいのですが、声に出すと意味がわからなくなるという人がいます。どのような読み方をしたら、意味をつかみながら作品が味わえるのでしょうか。実際に文学作品を例にして、文を読むときの意識を追いかけてみましょう。

今、わたしの目の前に一冊の本があります。室生犀星『随筆　女ひと』の最初の作品「えもいわれざる人」の冒頭です。本を開くと、左右のページに細かい活字が四角いかたちに収まっています。右のページはタイトルが二行、本文が十五行、左のページは本文が十七行です。

右ページの本文に目をやると、次のようなひとつながりの文字が見えます。目の動きで文を切り分けて、声に出しても意味が取れるように、ゆっくりした速さで音読をしてください。

女の人に物をおくるということは、たいへん嬉しいものである。

わたしは四つに分けて意味を取りながら読みました。あなたはいくつに分けましたか。目で見て意味をつかむときの手がかりは漢字です。速読では漢字に目をつけますが、音の意識はアイマイです。音を意識せずに文字から直接に意味を取ります。音読をするときには、すべての漢字の音を発音します。漢字の「女」も「おんな」と読むことで意味がはっきりします。意味を取りながら文を読むときの区切りの単位は文節です。文節というのは、語句がまとまって意味を持つ最小限の単位です。学校では「ね」などの終助詞をつけて区切らせています。

この文を文節に切ると次のようになります。／が区切りの印しです。つながらない文節が一ヵ所あるので／／で区切りました。

女の／人に／／物を／おくると／いう／ことは、たいへん／嬉しい／ものである。

音読では最初の文節から順に読みます。声で読むときには、文節よりもさらに細かい単位で区切ります。文節とは観念としての意味のまとまりです。その意味を表現する声のかたちが2

音ないし3音のリズムです。表現とは、ものに生命感をあたえることです。生命の感覚はリズムです。あらゆるリズムは2拍ないし3拍ですから、声のリズムも2音ないし3音になります。

最初の文節「女の」は、まるで文字を読むように「おんな／の」と読んではいけません。「の」を切り離すと文節のはたらきが分からなくなります。「おん／なの」と、2音ずつに区切ります。「女の人に」とつないだら、リズムは「おん／なの／ひと／に」となります。

「女の人に」は「物を」にはつながりません。「に」は「ドウスル」を求める修用文素です。そこで、「女の人に」と「物を」とのあいだで、先をながめて考える間が生まれます。「物を」を飛び越して、その先の「おくる」につながります。「おくる」は漢字で「贈る」です。

そして、「女の人に物をおくると」と読んだとき、「いったい、だれが」という疑問が浮かびます。一般に、書き手が自分のことを書くときには、「私は」という主文素は省かれます。この随筆でも、書き手である室生犀星だと判断します。

後半の「物をおくるということは」の2音ないし3音のリズムは、「ものを／おく／ると／いう／ことは」となります。さらに、「たいへん嬉しいものである。」も、係り受けの関係がつながっているので、「たい／へん／うれ／しい／もので／ある」となめらかに読むことができます。

以上のように、音読をすることは、ただ単に文字を声に変えるわけではありません。短い一文でも、声に出すときにはこれだけたくさんの判断をしているのです。

声に出して文章を理解するためには、次のような段階があります。

①文字の音《おん》への転換
②単語の意味の理解
③文節の区切りとつながり
④文節と文節との関係づけ

本を読むときに、一文ごとにさまざまな作業をしています。そうして、一文を読み終えて、次の文との論理関係を考えながら、文から文へと読んでいくことになります。

2 文節と文節との関係

文の意味は文節のつながりどおりに理解できるわけではありません。文節は必ずしも次から次へと順序よくつながるとは限りません。そのとき、どんなことを考えて文をつなげているのでしょう。もう一度、前の文を取りあげて、文を理解する意識をたどってみます。

女の人に　物を　おくると　いうことは、たいへん　嬉しい　もので　ある。

この文を音読するときの区切りごとの意識を、わたしのことばで再現してみます。以下、カタカナは、声に出して読んだ部分で、あとは心のなかのことばです。文字の表記と発音がちがうところもあります。傍点はアクセントの位置を示します。

・**オンナノヒトニ**――女の人か、「女に」というよりも、やさしい感じがする。また、「女性」というよりも、あたたかさがある。「に」があるから、だれかが女の人に何かをしようというのか。ああ、そうか、先に「物をおくる」と書いてある。

・**モノヲ**――「物」というのは物質的な感じがするが、いったいどんなものなのだろう。「オンナノヒト」というやわらかいことばの響きは、口の動きも息づかいもやわらかい。

・**オクルトユウコトワ**――おや、主語がないまま読むと、自分の行為のような気分になっている。「こと」でまとまってから「は」がついて主部になっている。だれの行為だろう。そのことがどうだと言いたい。もしかしたら、このあとに「私にとっては……」というようなことばが出てくるのだろうか。

さて、ここまでが前半の意識です。このあとどうなるのかという期待があります。いったいどういうことを言うのか気になります。この思いを抱いて後半を読みます。

・タイヘン――「たいへん」だって、何がたいへんだっていうのだろう。なにか、とても大きなことが、このあとに控えているわけだ。それはいったい何なのだろう。ますます期待が高まるぞ。

・ウレシイ――なるほど、分かった。「たいへん嬉しい」のだ。「たいへん」は日常的なことばだけど、そこに犀星の自然な心があるのかもしれない。こういうことばを口にすると自分の心も動いてくる。次の「である」は偉そうな言い方だから、重々しいよみ方になる。

・モノデアル――なるほど、やはり重々しい言い方だ。でも、ちょっと気取ったような感じもする。もう一度、自分のことのように声に出して繰り返してみたくなる。

文学作品を読むときには、こんな調子でゆっくりと声に出しながらイメージしていくものです。すると、一つ一つのことばから感情が浮かび上がります。黙読よりもずっと時間がかかりますが、それも文学を理解するために必要な時間です。ところが、それが文学を味わうという貴重な時間になります。文学作品を味わう読み方とはこういうものなのです。

07 翻訳本を添削して読む
――S・K・ランガー『芸術とは何か』

1 翻訳本のむずかしさ

翻訳本はたいてい読みにくくて理解しにくいものです。とくに理論文では、文章をていねいに読んでいっても意味がつかめないことがあります。それには、三つの理由が考えられます。第一に、外国語の原著そのものがむずかしいこと、第二に、訳者が十分に本の内容を理解していないこと、第三に、訳者の日本語の表現力が不十分なことがあります。

そんなときには、文章に添削をすればよいのです。こう言われて驚く人は学校でまじめに勉強してきた人です。教科書の内容もその文章の表現についても、まったく疑わずにすべて正しいこととして読んできたからです。しかも、その内容をしっかりと暗記してきました。しかし、学校の教科書はもちろん、絶対に正しい文章というものはありません。

そもそも読書というものは、著者の言葉の丸暗記でも、著者の考えの受け入れでもありません。読み手は自分の求めている知識や思想を本から読み取るものです。ただし、本の文章の表現は読み手のコトバづかいとはちがいますから、書き手の考えを自分のコトバに翻訳しなければなりません。それが文章に添削をする読み方なのです。とくに翻訳本の場合は、文章の表現につきまとう問題がいろいろあるので、添削しないと意味が取れないものです。

2 ランガー『芸術とはなにか』に添削する

芸術論の名著であるS・K・ランガー『芸術とは何か』を添削しながら読みます。翻訳の文に添削をすることによって、自分の理解を表現する文章に仕上げます。

添削をすることを前提にして次の一節を音読してください。文は二つです。

> 芸術作品は、感覚とか、想像力を通して知覚できるように創作された表現形式であって、そこに表現されているものは、人間感情である。この場合、「感情」という用語は最も広義に、つまり、苦痛、安楽、興奮、平静などの、肉体的な感覚をはじめとし、最も複雑な情緒とか、私的緊張、あるいは私たちの意識的な人間生活の絶え間ない感情の抑揚まで、すべて感じうる一切のものという意味に解しなければならない。

第一文に印つけをしました。山カッコのくくりに注目してもう一度、音読してください。

> ①芸術作品は、感覚とか、想像力を通して知覚できるように創作された表現形式であって、そこに表現されているものは、人間感情である。

この文は二重文です。どちらも名詞述語文です。主部には傍線、述部には波線を付けます。

A 芸術作品は〈……表現形式〉である。

B そこに表現されているものは人間感情である。

Bの そこ は「芸術作品」でAの山カッコの内部の意味です。二つ単位文があります。

〈感覚とか、想像力を通して知覚できるように創作された表現形式〉

一つは「表現形式」を主部に、もう一つは「……ように」から「目的」を読み取りました。

・表現形式は　創作されたものである。

・創作の目的は〈感覚や想像力で知覚できるようにする〉 こと である。

3　文の論理の組み立ての添削

後半の文は、接続語によって複雑な論理になっています。印つけで示しましょう。

> ②この場合、「感情」という用語は最も広義に、つまり、〈苦痛、安楽、興奮、平静などの、肉体的な感覚をはじめとし、〈最も複雑な情緒とか、私的緊張、あるいは私たちの意識的な人間生活の絶え間ない感情の抑揚まで、すべて感じうる一切のものという意味に解しなければならない。

この文の骨格は次のとおりです。修飾語を省略して少し言い回しを変えて示します。

・「感情」という用語は……という意味に解すべきである。

省略した……の部分には、「……をはじめ……まで」という構造です。「最も広義に」と「つまり」のあとの山カッコが対応します。その中身が何重もの山カッコで括られています。

〈A《苦痛、安楽、興奮、平静などの、肉体的な感覚》をはじめとし、B《a 最も複雑な情緒とか、b 私的緊張、あるいは c 私たちの意識的な人間生活の絶え間ない感情の抑揚》まで、C《すべて感じうる一切のもの》という意味〉

この内部は、「AをはじめとしてBまで、(つまり)C」という構造です。

A〈苦痛、安楽、興奮、平静などの、肉体的な感覚〉
B〈a 最も複雑な情緒とか、b 私的緊張、あるいは c 私たちの意識的な人間生活の絶え間ない感情の抑揚〉
C〈すべて感じうる一切のもの〉

Aは、人間の感覚、Bは三項目、「a 複雑な情緒」は心理的な悩み、「b 私的緊張」はストレスのようなもの、「c　意識的な感情の高揚」は喜怒哀楽です。CはAとBをまとめた内容です。これがランガーの考える「感情」の概念です。最後に、添削した文章をご覧ください。

芸術作品は、かたちとなった創作物である。そこには人間感情が表現されている。それが、感覚や想像力を通して知覚できるのである。「人間感情」という用語には広い意味がある。第一に、苦痛と安楽、興奮と平静という肉体の感覚、第二に、複雑な情緒、第三に、個人的な緊張、第四に、日常生活の絶え間ない感情の変化、つまり、人間が感じることのできる一切のものという意味である。

文章に添削しながら読んでいくと書き手の考えを深く読み取ることができます。添削は読書記録として残ります。添削して仕上げた文章は、自分が本から読み取った内容の表現です。

添削による読書法は、最も積極的に本と向き合い、著者と対決する読書法なのです。

08 文章展開のちがいを読み分ける
――文章展開の四種類

1 文章展開とは何か

本を読むときには、文を読むのが基本です。文を文節に区切って読みながら、主部と述部、補足文素と述文素、修飾文素と被修飾文素とを関係づけて意味を理解します。さらに、接続語を手がかりに文と文との論理的つながりをとらえて、段落ごとに内容をまとめていきます。

これはどんな文章にも共通する読み方です。さらに、本のジャンルというものがあります。たとえば、小説の本と理論の本とは読み方がちがいます。小説を理論のように読んだらおもしろくないし、理論の本を小説のように読んだら意味が分かりません。

しかし、ジャンルによって特定の読み方が決まるのではありません。全体を通して一定の書き方になってはいません。小説のなかに論説文が出てきたり、理論の本のなかに小説があったりします。部分ごとにちがうタイプの文章が混じっています。それを「文章展開」と呼びます。

次のページの「文章展開の一覧表」をご覧ください。

2 文章展開の四種類

文章展開は四種類です。それぞれの特徴を説明します。例文は一覧表の用例でご覧ください。

(1) 物語――できごとや事件を時間の順序で描きます。物語や小説の展開です。理論文でも「物語」による説明が使われます。料理のレシピも手順を並べた「物語」です。よく使われる接続語は、順接の「そして、それから」、逆接の「しかし、だが」などです。

(2) 描写――もの・ことを目に見えるように描き出します。その世界が感覚的に実感できる描き方です。視覚を中心にした五感、聴覚、嗅覚、味覚、触覚に加えて身体感覚も描かれます。描写には必ず視点があります。描かれるのは、だれかから見られた世界です。

(3) 説明――言葉によって、もの・ことの意味やもの・ことの相互関係を述べます。一つ一つの言葉の意味を定義したり、別の言葉に言い換えをしたり、比喩を持ち出す場合もあります。とくに、一つ一つの言葉の意味が重要です。文の意味は単語の意味を基本とするからです。

(4) 論証――「○○は……である」という命題について、その理由や根拠を示して考えをすすめます。なぜそうであるか、なぜそうなるのか、という疑問があります。接続語の中では、

●――文章展開四種類の一覧表

種類	定義	読みかた	文例
①物語	できごとや人物の行動について時間の流れの順序でつながる。流れには荒さと細かさとの程度のちがいがある。	・**すじをたどる**――人物の行動やできごとの時間的な流れを追って、すじのつながりとして読んでいく。	みよは、右手の付根を左手できゅっと握っていきんでいた。刺されたべ、と聞くと、ああとまぶしそうに目を細めた。ばか、と私は叱ってしまった。
②描写	時間は停止して空間や場面が描かれる。絵画のように想像できる。その場面を見る視点がある。	・**場面をイメージする**――トキ・トコロの描かれた空間を、頭の中の絵を描くように想像していく。	番小屋の外側は白と緑のペンキでいろどられていて、なかは二坪ほどの板の間で、まだ新しいワニス塗りの卓子や椅子がきちんと並べられていた。
③説明	人やものごとについて理解に必要な知識が書かれている。言葉の定義、ものごとには、注釈が加えられる。	・**文の意味を理解する**――文に書かれたモノ・コトについて、その対象とするものを理解していく。	女中たちは、長兄が一番で、その次が治ちゃだ、と大抵そう言った。私は顔を赤くして、それでも少し不満だった。長兄よりもいいおとこだと言って欲しかったのである。
④論証	問題提起への結論（命題）について「なぜなら」という「理由」と「根拠」とで三段階に組み立てられている。	・**論の正しさを判断する**――「○○は……である」という命題について、「理由」と「根拠」を基礎にして正しさを判断していく。	私はそのうち書こうと言ってやった。しかしなかなか書く機会が来なかったので、ついそのままになってしまった。けれども男の方では、むやみに催促を始めだした。

理由づけの「なぜなら」、根拠づけの「というのは」、結論の「だから」が重要です。

3 「吾輩は猫である」の文章展開の例

夏目漱石「吾輩は猫である」は文章展開の豊かな作品です。その例を取り出してみます。

(1) 物語の展開

「物語」では主部を確認します。語り手は「吾輩」と称する「猫」です。「吾輩」が草原のなかに捨てられた場面です。主部は五つです。主部に――述部に～～を引きます。

・「(吾輩が)ニャー、ニャーと試みにやって見たが誰も来ない。そのうち池の上をさらさらと風が渡って日が暮れかかる。腹が非常に減って来た。」

やっとたどり着いた苦沙弥家の台所で、「吾輩」はおさんから荒い扱いを受けます。

・「吾輩は再びおさんの隙を見て台所へ這い上った。すると間もなくまた投げ出された。吾輩は投げ出されては這い上り、這い上っては投げ出され、何でも同じ事を四五遍繰り返したのを記憶している。」

(2) 描写の展開

描写には視点があります。「猫」の目から見た情景です。描写に傍線を引きます。

・「第一毛をもって装飾されべきはずの顔がつるつるしてまるで薬缶《やかん》だ。その後《ご》猫にもだいぶ逢《あ》ったがこんな片輪《かたわ》には一度も出会《でく》わした事がない。のみならず顔の真中があまりに突起している。そうしてその穴の中から時々ぷうぷうと煙《けむり》を吹く。」

・「主人は鼻の下の黒い毛を撚りながら吾輩の顔をしばらく眺《なが》めておったが、やがてそんなら内へ置いてやれといったまま奥へ這入《はい》ってしまった。」

(3) 説明の展開

「説明」には二種類あります。「語り手」によるもの、もう一つは、登場人物のものです。

・「吾輩はここで始めて人間というものを見た。しかもあとで聞くとそれは書生という人間中で一番獰悪な種族であったそうだ。この書生というのは時々我々を捕えて煮て食うという話である。」

・「今から考えるとその時はすでに家の内に這入っておったのだ。ここで吾輩は彼《か》の書生以外の人間を再び見るべき機会に遭遇《そうぐう》したのである。」

（4）論証の展開

論の展開をつかむには接続語を手がかりとします。四角で囲んで示します。

・「主人の蛇蝎《だかつ》のごとく嫌う金田君ならやりそうな事だが、赤裸々をもって誇る主人としてはすこぶる卑劣である。しかし実のところ主人はこれほどけちな男ではないのである。だから主人のこの命令は狡猾《こうかつ》の極《きょく》に出《い》でたのではない。つまり智慧《ちえ》の足りないところから湧《わ》いた孑孑《ぼうふら》のようなものと思惟《しい》する。」

・「彼等希臘人が競技において得るところの賞与は彼等が演ずる技芸その物より貴重なものである。それ故に褒美《ほうび》にもなり、奨励の具ともなる。しかし智識その物に至ってはどうである。もし智識に対する報酬として何物をか与えんとするならば智識以上の価値あるものを与えざるべからず。しかし智識以上の珍宝が世の中にあろうか。無論あるはずがない。下手なものをやれば智識の威厳を損する訳になるばかりだ。」

本を読むときには、文章の部分ごとにふさわしい読み方があります。文章展開に応じた読み方をすると、文章の内容をより正確にとらえることができます。

コラム 3

愛書家による書物の扱い方

●田中菊雄著『現代読書法』(講談社学術文庫)は昭和16年からのロングセラーです。「書物の扱い方」として13項目をあげています。「(1)日光に直射させぬこと。(2)火にかざして読まぬこと。(3)枕にして寝ぬこと。(4)頭垢《ふけ》を本の上に落とさぬこと。(5)手に唾をつけてページを繰らぬこと。(6)紙小口を折らぬこと。(7)本を開いた上でものを食べぬこと。(8)湿気のあるものの上に置かぬこと。(9)小口をとんとついたり、又は下向きに置かぬこと。(10)書架に曲げて立てぬこと。(11)書物の保護には、暑熱、湿潤、乾燥いずれも極端を避けること、人間の住まうのに適する処がやはり書物にも適する処である。(12)梅雨季など書物に黴《かび》の生じたときは一刻も猶予《ゆうよ》せず、取り出して布片で丁寧に拭き去り、風に当ててしばらく乾す。ただし直接太陽に当てることは禁物である。(13)本は少なくとも年一回書架から出して埃《ほこり》を払い、風にあて、防腐剤でそうての箇所をていねいに擦《こす》る。埃《ほこり》を払うときは湿気の少ない好天気な日を選び、書斎から書物を下ろす際には、持った手を緩《ゆる》めず、上の方を下向きにして刷毛《はけ》で軽く払い、蠹魚《しみ》などの有無をしらべたならば、しばらく本を開いたまま卓上に立て、防腐剤で擦《こす》ってから書棚におさめる。」

また、新刊書の開き方について、アメリカ聖書協会発行の英語聖書のカバーに書かれていた文章を引用しています。

「書物の背を滑らかなまたは掛布をかけた卓上の上に保ち、表ての表紙をまず下ろし、次に裏の表紙を下ろせ。巻末の数葉を開き次に巻頭の数葉を開き、かくして交互に巻末、巻頭と静かに一部分ずつ押し開きて書巻の中心に達する。これを二、三回繰り返すと最もよい結果を得るであろう。」

書物への愛に満ちています。

第3部

応用編　文章を読む

01 日本国憲法「前文」を読む——文構造の読み取り

1 日本国憲法「前文」の前半

日本国憲法の「前文」冒頭の第一段落を読んでみます。次の四つの文を順に見ます。

日本国民は、正当に選挙された国会における代表者を通じて行動し、われらとわれらの子孫のために、諸国民との協和による成果と、わが国全土にわたつて自由のもたらす恵沢を確保し、政府の行為によつて再び戦争の惨禍が起ることのないやうにすることを決意し、ここに主権が国民に存することを宣言し、この憲法を確定する。そもそも国政は、国民の厳粛な信託によるものであつて、その権威は国民に由来し、その権力は国民の代表者がこれを行使し、その福利は国民がこれを享受する。これは人類普遍の原理であり、この憲法は、かかる原理に基くものである。われらは、これに反する一切の憲法、法令及び詔勅を排除する。

2　第一段落の第一文を読む

最初の文です。大まかに四つの文に分けられます。そのまま区切って順に丸数字をつけます。

（1）①日本国民は、正当に選挙された国会における代表者を通じて行動し、②われらとわれらの子孫のために、諸国民との協和による成果と、わが国全土にわたつて自由のもたらす恵沢を確保し、③政府の行為によつて再び戦争の惨禍が起ることのないやうにすることを決意し、④ここに主権が国民に存することを宣言し、この憲法を確定する。

まず気になるのは、「……し、……し、……する」というつながりです。論理関係が明確ではありません。どのように並んでいるのか、その論理を考えるのが読解の目標になります。

①の文です。印つけをしたものを示します。ポイントは山カッコでの名詞句のくくりです。

①日本国民は、正当に選挙された国会における代表者を通じて行動し

「日本国民」とは、第10条に「日本国民たる要件は法律でこれを定める。」とあって「国籍法」にその決まりがあります。「代表者」とは、第43条に「全国民を代表する選挙された議員」とあります。ですから、「正当に選挙された」は「国会」にかかるのではなく「代表者」にかかります。選挙に「不正」がなく「正当」に行われることが民主主義にとって最も重要です。「代表者を通じて」という意味がアイマイです。どんな行動ができるのでしょうか。

では、②の文です。山カッコでくくられた項目が三つあります。その内の二つがさらにまとめてあります。並立の助詞「と」によるつながりも三つあります。それぞれの関係を見ます。

②われらとわれらの子孫のために、諸国民との協和による成果と、わが国全土にわたつて自由のもたらす恵沢を確保し、

骨格文は次のとおりです。省略された主部「日本国民は」を補って名詞句を記号にしました。

(日本国民は) A のために B と C を確保する。

Aの「ために」は、「確保し」がだれの利益なのかを意味します。「われら」は「日本国民」、「子孫」には、二つ意味があります。現在いる子と孫、未来の子と孫です。どちらでしょうか。Bには、主部の「日本国民は」が欠けています。「協和」は「日本国民」と「諸国民」との関係です。では、「諸国民」とはどの国の国民でしょうか。この憲法の作られた時代、終戦直後の日本を取り巻くのはどんな国だったのか、歴史的な背景を調べる必要があります。

C「わが国全土にわたつて自由のもたらす恵沢」の中には一つの命題が隠れています。

自由がわが国全土に恵沢をもたらした。

この考えが次の③の「決意」の前提です。「自由」とは何か、「恵沢」とは何か、考えましょう。「自由」という擬人的な主体が戦後の日本の「全土」に「恵沢」をもたらしたといいます。「自由」の担い手はだれなのか、「恵沢」とはどんな結果を意味するか。それは当時の日本の状況について読み手が調べて考えることになります。

では、③の文は次のとおりです。二つの「こと」を山カッコでくくります。

③政府の行為によつて再び戦争の惨禍が起ることのないやうにすることを決意し、

「日本国民」の「決意」について、その目的が示されます。骨格文は次のとおりです。

(日本国民は) AをBしないようにすることを決意する。

この名詞句のなかには、次の命題が隠れています。

戦争の惨禍は政府によって起こった。

主部の「戦争の」の「の」がアイマイです。二つの意味にとれます。「戦争」と「惨禍」とを同一と考えれば、戦争の全否定です。それに対して、「戦争」の一部に「惨禍」があるという意味もあります。次の命題ならば、「政府」の責任が明確になります。

戦争は政府が起こした。

元の文では、「政府の行為」に責任がありそうですが、「戦争の惨禍が起る」とあります。「戦争を起こす」と書けば、責任の所在が明確です。では、「日本国民」は、「戦争の惨禍」を起こさないようにするには、「政府」をどのように統制できるのでしょうか。

「決意する」は一人称の行為です。「わたしは決意する」となります。「日本国民は決意する」と書かれると、自らの意志表明ではなく、他人の考えの押しつけのように感じられます。

では、第四の文をご覧ください。この文の前半と後半はどんな関係でしょうか。

④ここに主権が国民に存することを宣言し、この憲法を確定する。

骨格文は次のとおりです。

（日本国民は）……を宣言し、……を確定する。

いきなり、「主権が国民に存する」という命題が出てきます。しかも、それを宣言するのです。その「宣言」と憲法の「確定」とに、どんな論理があるのでしょうか。

まず、「主権」とは何かを考えてみます。冒頭には、日本国民は選挙で「代表者」を選んで「行動」をするとありました。一度は、「主権」を「代表者」に預けるわけです。すると、「主権」は「代表者」に移ります。つまり、「日本国民」にとって「主権」は間接的なのです。

そして、後半の「確定する」も「わたしは確定する」という意志の行為です。「日本国民は」が主部となるには、その前提として個々人の「国民」としての自覚が必要になります。

3　日本国憲法「前文」の第二文を読む

第二文では、前文との論理関係を考えてみましょう。四つの単位文があります。

（2）そもそも国政は、国民の厳粛な信託によるものであって、その権威は国民に由来し、その権力は国民の代表者がこれを行使し、その福利は国民がこれを享受する。

前半が一つの単位文、後半が三つの単位文に分かれます。前半の命題は次のとおりです。

国政は国民の厳粛な信託によるものである。

まず、「国政」とは何でしょうか。国の政治、国全体のレベルでの政治です。それが「国民の厳粛な信託」によると言います。「国民の」は「信託」にかかります。「国民の信託」とは「国民による信託」です。「厳粛な信託」というのは国民の信託する態度が「厳粛」なのです。

「信託」は「信託する」というスル名詞です。文に必要な成分は、「ダレが、ナニを、ダレに」と三つあります。「ダレが」は「日本国民」、「ナニを」は「国政」、「ダレに」は「国政」を信託する相手、つまり「代表者」としての国会議員です。ところで、「国政の信託」は選挙によるものでした。つまり、選挙が「信託」です。その行為を「厳粛な」というのです。

文の論理が不明なのは、前半の終わりの「……であって」です。後半との論理関係がありません。国民が選挙で「厳粛に信頼を預けた」という心情の表現です。「だから」「ゆえに」という「理由」を期待しますが、そうなっていません。理由として不十分なのです。

そのあとに後半の内容がつながります。後半には三つの命題が並んでいます。「国政」との関連を考えて語句を補います。

①（国政の）権威は国民に由来する。
②（国政の）権力は国民の代表者が行使する。
③（国政による）福利は国民が享受する。

「国民」との関わりが共通しています。①では、「権威」は、選挙をした国民に「由来」すると言います。選挙での国民の投票が「権威」のもとです。②では、「権力」を行使するのは「国民の代表者」としての国会議員です。国会議員に「権力」を与えたのは「国民」による選挙ですから、選挙の「正当さ」が最重要です。③の「福利」とは、幸福と利益です。それを国民が「享受」すると言います。しかし、「国政」が生み出すものは「福利」とは限りません。もしも「国政」が悪政ならば、国民は「災禍」を受けるわけです。

4　憲法「前文」の第一段落の第三文を読む

さて、第一段落の三つ目の文です。これは一文です。二つの指示語を問題にしましょう。

（3）これは人類普遍の原理であり、この憲法は、かかる原理に基くものである。

「これ」と「人類普遍の原理」とは同一です。それを「かかる原理」と言い換えています。

では、「人類普遍の原理」とは何でしょうか。直前の文に「原理」らしきものは見当たりません。これまでの内容を振り返ると、第一文は、憲法成立の宣言、第二文には、「国政」が成立する手続きが書かれていました。

ここで改めて、一段落を振り返って、三つの文に小見出しをつけてみます。

(1) 憲法確定の決意
(2) 国政の構造
(3) 憲法の原理

第二文に書かれたことが「人類普遍の原理」でしょう。わたしの解釈を加えて要約します。

国民が、選挙で選んだ代表者に権力を与えて行使させ、その結果が国民に返ってくる。

そして、次の第四文で第一段落は終わりとなります。

（4）われらは、これに反する一切の憲法、法令及び詔勅を排除する。

「われら」とは、「日本国民」です。「これ」とは何でしょうか。第三文から二つの可能性が考えられます。一つは「人類普遍の原理」、もう一つは「この憲法」です。おそらく、「人類普遍の原理」が妥当です。もしも「この憲法」だとすると、「この憲法に違反する憲法」という意味になります。それはおかしなことです。憲法が二つあるわけはありません。あるいは、その憲法を永久に固定化するという意味になります。

また、主体が「国民」だとすると、どのようなかたちで「排除する」のか想像がつきません。ここでも、選挙によって選ばれる代表者によって行われるということになるでしょう。どこまで代表者の権力の行使が許されるのか、また、選挙という「多数決」の原理と民主主義の原理との関係が根本問題になります。

さて、ここまでで日本国憲法「前文」の第一段落を読みました。まだまだ先があります。これから先は、このような読み方によって、みなさんがご自分で読んでください。

日本国憲法というものは、国の運営の仕方や国の基本的な考えかたを定めて、あらゆる法律の基礎となる重要な法律です。ところが、読みにくい文章で書かれているために、なかなか読まれません。今後の日本の未来も、国民の生き方も、憲法抜きには考えられません。ぜひ、これを機会にお読みになることをおすすめいたします。

02

文章表現の読み取り——「ニュースピーク」の原理

1 『一九八四年』という小説

文章には書き手の「思惑」というものがあります。書き手の「視点」というよりもさらに視野の広いものです。「立場」といったらよいでしょう。書き手の「立場」によって、書かれた文章から笑いが生まれたり、皮肉が生まれたり、批評が生まれたりします。この三つのものはひとつながりです。

ここでは、ジョージ・オーウェル『一九八四年』（早川書房、高橋和久訳）を取りあげて、書き手の批評が、笑いや皮肉となる表現を読み取りましょう。ただし、小説の本文を読むのではありません。「付録」の「ニュースピークの諸原理」です。本文の小説の文化的な背景を知るうえで重要な「付録」です。むしろ、これを「まえがき」として読んで、それから小説を読んだらいいというくらいです。

この小説は「一九八四年」を舞台にした未来小説です。一九四八年に書かれました。「付録」は文庫本に横書きで18ページほどです。最初の二ページ半がいわば「序」にあたる部分です。私が取り上げるのは、第二段落です。ニュースピークの目的について書かれています。文の数は十一あります。それを読む前に二つの基本用語について説明しておきます。

①ニュースピーク――「ニュースピークはオセアニアの公用語であり、イギリス社会主義の奉ずるイデオロギー上の要請にこたえるために考案されたもの」と書かれています。日本語に訳すなら、「新しい話し方」「新しい語法」という意味です。

②イングソック Ingsoc ――「イギリス社会主義」のことです。English Socialism という綴りを詰めたものです。

それでは、第一文から順に読んでいきます。文ごとに丸数字をつけておきます。

> ①ニュースピークの目的はイングソックの信奉者に特有の世界観や心的習慣を表現するための媒体を提供するばかりではなく、イングソック以外の思考様式を不可能にすることでもあった。

主部は「ニュースピークの目的は」です。大きな文構造は次のようになります。

……は、……に、Aするばかりではなく、Bすることだ。

Aはイングソックの思想を「提供する」こと、Bはそれ以外の思考を「不可能にする」ことです。その二つのことを、「イングソックの信奉者」に行うのです。

つまり、「ニュースピーク」は、「特有の世界観」や「心的習慣」を表現する「媒体」です。そして、「イングソック以外の思考様式を不可能にする」ためのものです。思考とは言語によるものですから、下の図のように思考の仕方が二分割されます。

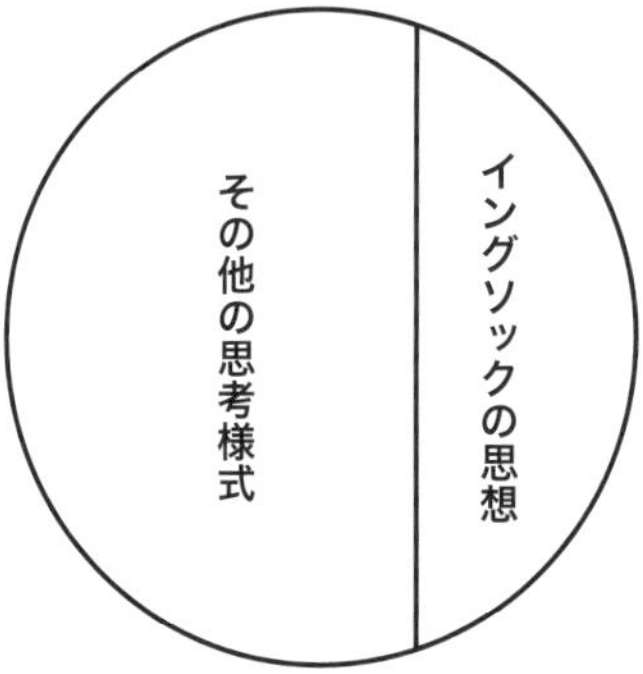

それでは、第二文を見ましょう。

②ひとたびニュースピークが採用され、オールドスピークが忘れ去られてしまえば、そのときこそ、異端の思考——イングソックの諸原理から外れる思想のことである——を、少なくとも思考がことばに依存している限り、文字通り思考不能にできるはずだ、という思惑が働いていたのである。

書き手の視点と、対象とする考えと、二重の立場がある複雑な文です。文頭の「ひとたび」から「働いていた」までくくれます。これが書き手の視点で、さらにその内部で丸カッコでくくられる「思惑」があります。それが対象とする考えです。「……すれば、……を……できるはずだ」という論理です。

ところで、これはだれの考えなのでしょうか。文には書かれていません。その主体者はどんな考えを持っているのでしょうか。主体者が思考不能にしたい「異端の思考」とは、「イングソックの諸原理から外れる思考」のことです。つまり、「イングソックの諸原理から外れる思考は異端の思考である」と考えています。つまり、思想の取り締りではなく、「思考不能」を実現することがねらいです。

その政策をどのように実行するかという二つの条件が、「もし……が……すれば」というかたちで文頭に書かれています。

a もし、ひとたびニュースピークが採用されれば、
b もし、オールドスピークが忘れ去られれば、

では、a と b とはどのような関係なのでしょうか。a と b と、どちらもという条件が必要です。a が先で、b がその結果です。時間の先とあととの関係があります。つまり、a が必要条件、つまり前提となる条件、b が十分条件、つまり事態がおこるためには a に加えて必要な条件なのです。

それでは、第二文の骨格文です。述部は「思惑があった」です。その内容がＡＢＣＤです。記号の用語をあてはめて読んでください。

Ａが行われ、Ｂされると、Ｃを Ｄできる、という思惑があった。

Ａ ニュースピークの採用
Ｂ オールドスピークの忘却（が）
Ｃ 異端の思考（＝イングソックの諸原理から外れる思考）

D 思考不能（にすること）

E 思惑

それでは、第三の文です。テーマは「ニュースピークの語彙」のはたらきです。

③ニュースピークの語彙は、党員が表現したいと正当な欲求を覚える意味をそれぞれに対して、正確で、しばしば非常に巧妙でもある表現を与えるように構築され、その一方で、それ以外の意味をすべて排除し、また間接的な方法でそのような意味を表現する可能性をも排除したのだった。

主部は「ニュースピークの語彙は」、述文素は三つ「①構築される、②排除し、③排除した」です。それぞれの「ナニを」つかみます。①「党員が表現したいと正当な欲求を覚える意味」、②「それ以外の意味」、③「間接的な方法による意味表現の可能性」です。これを表にします。

（1）構築する

↓

①党員が表現したい意味（正確、巧妙な表現）

②それ以外の意味
③関節的な方法による表現の可能性

↓

(2) 排除する

それでは、第四の文に入ります。

すでに第三の文で「ニュースピークの語彙」がオールドスピークの意味を排除したことが述べられています。それが成功したことの理由が語られます。

> ④このような排除が成功した一因は新語が発明されたことにあるが、何と言っても、好ましくない語を除去し、残存する語についてはそこから非正統的な意味を、そして可能な限り副次的な意味をすべて、剥奪した効果が大きかった。

言語の排除が成功した理由は、第一に「新語」の発明、第二は「好ましくない語」の「除去」です。第三に、それでも残っている語句から二つの意味を「剥奪」しました。「非正統的な意味」と「副次的な意味」です。つまり、語句の意味を一つに限定してしまったのです。その例については、このあとで説明されています。

(1) 新語　→発明　①非正統的な意味

(2) 好ましくない語　→除去　②副次的な意味

(3) 残存する語　→剥奪

第五の文からあとは、freeという用語を例にした「ニュースピーク」の語句の使い方についての説明です。どのような意味の使い方になったのでしょうか。まとめて読んでしまいましょう。印つけを見てください。

⑤一つだけ例を挙げよう。⑥「自由な免れた」を意味するfreeという語はニュースピークにもまだ存在していた。⑦しかしそれは「この犬はシラミから自由である／シラミを免れている」とか「その畑は雑草から自由である／雑草を免れている」といった言い方においてのみ使うことができるのである。⑧「政治的に自由な」或いは「知的に自由な」という古い意味で使うことはできなかった。

⑨なぜなら、政治的及び知的自由は、概念としてすらもはや存在せず、それゆえ、必然的に名称がなくなったのだ。
⑩明らかに異端性を帯びた語が禁止されたのは当然として、それに加えて、語彙の削減それ自体がひとつの目的であると看做され、絶対に必要不可欠とは言えない語は生き残ることを許されなかった。

つまり、free という語は、⑥「自由な免れた」という意味、つまり、⑦「……から自由」「……を免れた」という意味に使えるだけで、⑧「政治的に自由な」とか「知的に自由な」とかいう意味では使えなくなったのです。

⑩「異端性」という語は、コトバを取り締まる権力の立場からの考えです。最初はそれが禁止されたのですが、「それに加えて」、ついには「語彙の削減」そのものが目的となりました。その結果、「絶対に必要不可欠とは言えない語」まで、生き残れなくなったのです。「絶対に」の係り方は二た通りあります。「絶対に必要不可欠」か、「絶対に言えない」のいずれかです。これは「絶対に必要不可欠だ」とは言えない語句のことです。この世に「絶対」と言えるものはなかなかありません。だから、多くの語句が生き残れなかったのです。

そして、⑪の文のまとめにつながります。

> ⑪ニュースピークは思考の範囲を拡大するのではなく縮小するために考案されたのであり、語の選択範囲を最小限まで切り詰めることは、この目的の達成を間接的に促進するものだった。

結論は二つです。第一に、ニュースピークは「思考の縮小」のための考案です。人が広い考えを持つことを許しません。第二に、「語の選択範囲を最小限まで切り詰め」ました。つまり、ものごとを考えるときに、決まったコトバでしか考えられないようになったのです。

政治権力は人びとを支配するために、「見せざる、言わせざる、聞かせざる」という政策をとります。その根本が言語の取り締りです。人間はコトバによってもの・ことを考え、思想を生み出します。コトバを奪うということは根本的な思想の取り締りなのです。

小説『一九八四年』には「ニュースピークの諸原理」によって支配された空想の世界が描かれています。そこで暮らす人々の暮らしはどのようなものか、ぜひとも読むべき小説です。

03 文学文への想像力――若山牧水の紀行文

1 文学作品を読む想像力

ここでは、文学文の代表として、若山牧水の紀行文を読んでみましょう。牧水の文章の魅力は、わたしたちのさまざまな想像力を刺激するところにあります。想像力とは、書かれた文についいて、ダイ・ドドナ・ドドナ（ダレガ・イツ・ドコデ・ドンナ・ナニヲ・ドウ・ドウスル・ナゼ）の要素を補うことから生まれます。文学文は、理論文とは違った展開で書かれています。おもに「物語」「描写」の展開です。時間の展開と場面の変化を軸にして読みます。

次の文章を読みます。若山牧水「熊野奈智山」冒頭の第一段落の五つの文です。

眼の覚めたままぼんやりと船室の天井を眺めていると、船は大分揺れている。徐に傾いては、また徐に立ち直る。耳を澄ましても涛も風も聞えない。すぐ隣に寝ている母子づれの女客が、疲れ果てた声でまた折々吐いているだけだ。半身を起して見廻すと、室内の人は悉くひっそりと横になって誰一人タバコを吸ってる者もない。

第一文から順に読んでいきます。第一文は、三つのまとまりでわたしの視野に入ってきます。

眼の覚めたまま／ぼんやりと船室の天井を眺めていると、／船は大分揺れている。

さらに細かく、文節を ／ で区切って、文節ごとに丸数字をつけます。大きな切れ目には ／／ を入れます。

①眼の／②覚めた／③まま／／④ぼんやりと／⑤船室の／⑥天井を／⑦眺めていると、⑧船は／⑨大分／⑩揺れている。

ここまでは読み方を解説するための準備作業です。実際の読みでは、あらかじめ文節に切ったりしないで、頭から順に読んでいくものです。

2 文節にしたがった読み方

それでは、もう一度、あらためて、文節の順序どおりに読んで行きます。一文節ごとに、わたしの理解と解釈とを付け加えて行きます。

①「**眼の**」――これはだれの眼なのか。書き手は若山牧水です。牧水の「眼」です。文に主語がなければ、原則として書き手の「私」が主語です。だから、読み手も他人事ではなく、自分のことのように作品の世界を見たり、体験できるのです。

②「**覚めた**」――「眼の覚めた」とつなげて読んでから考えます。「の」には三つのはたらきがあります。名詞と名詞の連体修飾、主格の「が」のかわりの「の」、名詞句のまとめとなる「の」か、いずれかです。「覚めた」が用言ですから直接つながって「眼が覚めた」という意味です。

③「**まま**」――「眼の覚めたまま」とつながって、「私」が目の覚めた状態でしばらくいたことが分かります。

④「**ぼんやりと**」――「眼の覚めたまま」は「ぼんやりと」にはつながりません。新しい話題につながる予感がするのでちょっと止まって考えます。どこにつながるかと思って先を見ると「眺めていると」につながることが分かります。ほかに、「ぼんやり」を動詞のように考えて「眼

の覚めたままぼんやりする」とも読めます。しかし、「と」がつくと修用文素となって「……する」につながります。それでも「ぼんやりする」という意味が背景に残ります。

⑤「**船室の**」――「私」が船の中にいることがわかりました。どんな船なのか予想しながら「ぼんやりと」の行き先を考えます。「ぼんやりと船室の」とはつながりません。「ぼんやりと」はドウスルを予告するからです。それが何なのか考える間があります。

⑥「**天井を**」――「船室の天井を」と読んで、「私」の視線が上向きなのだとわかります。立って天井を見上げることもありますが、「眼が覚めたまま」という状態ですから、横になっているようです。

⑦「**眺めていると**」――「ている」は行動の継続です。現在形の文末は今の状況を示す描写になります。「私」は天井を眺め続けていました。船中の床かベッドに寝ているのでしょう。

⑧「**船は**」――「船室」から「船」へと意識が広く外へ向けられます。読み手も、「私」を取り巻く外部の対象を想像します。この船はどのような船なのか、「熊野奈智山」という題名とこの時代に見当をつけて想像します。

⑨「**大分**」――「船は」と「大分」もつながりません。「船は」「……どうする」を目指し、「大分」は「……どうだ」を目指します。「大分」は程度を比較する言葉です。予想した以上に、

程度が大きいという意味です。しかし、「……どうだ」を読むまで、「大分」の程度はわかりません。

⑩「**揺れている。**」――「船は」と直接つながって「船は揺れている」となります。「大分」は、船の揺れの程度でした。そして、「船は大分揺れている」と感じる主体は「私」です。「私」の感じ方なのです。この表現には、「あっ、船が揺れている」という発見とともに軽い感動があります。

以上、第一文を読みました。この一文は「私」の意識内の感じを表現しています。この一文を読むだけで牧水の微妙な感性が感じられます。その牧水の感じ方を、読み手はこの文章を通じて味わうことができるのです。

3 フレーズによるイメージ

もう少し大きくまとめて、フレーズのつながりを読んでみましょう。

> 眼の覚めたまま／ぼんやりと船室の天井を眺めていると、船は大分揺れている。

第一文は、三つのまとまりになります。しかし、第二文のフレーズの「ぼんやりと」は次の文節を飛び越えています。第二フレーズも、「船は」が次の文節「大分」を飛び越えています。ですから、「④ぼんやりと」と「⑩大分」の前後では間が取られるわけです。

このような文節を、わたしは「首」と読んでいます。そして、連結していく文節を「くさび」と呼ぶのです。

これを図にすると次のようなまとまりになります。//で区切って音読してみてください。

> 眼の覚めたまま//ぼんやりと//船室の天井を眺めていると、船は//大分揺れている。

文節を数字のつながりで取り出すと、次のようになります。

> ①②③//④//⑤⑥⑦、⑧//⑨⑩

①②③と⑤⑥⑦が「くさび」、④と⑧が「首」です。この文を読むときには、//の前に間が

取られることになります。
以上のフレーズの係り受けの関係を図にまとめると、次のようなかたちになります。

①眼の②覚めた③まま
④ぼんやりと
→⑤船室の⑥天井を⑦眺めていると→⑧船は⑨大分⑩揺れている。

4 人物を中心にした想像力

第二文を読みましょう。印つけで示します

> 徐《おもむろ》に傾いては、また徐《おもむろ》に立ち直る。

主部の「船は」は第一文からの受け継ぎです。「徐に」は船と一体化した身体感覚です。第一文も第二文も、一人称の「私」による内面の表現です。全体が丸カッコに入れられます。つまり、「私」の内言の表現なのです。

「また」は、「徐に」にも、「立ち直る」のどちらにも係る言葉です。「また徐に」と読むか、「また立ち直る」と読むのか、両方にかけて読むのか、それは読み手の解釈の自由です。

では、第三文です。

耳を澄ましても濤《なみ》も風も聞えない。

逆接の接続助詞「ても」でつながった重文です。主部の「私が」が省略されています。前文では「耳を澄ま」すことによる期待感が読み取れます。それが「ても」によって逆転され、後半の「聞こえない」によって裏切られる無念さもあります。

「濤も風も」というのは、「濤の音も」「風の音も」の意味です。つまり、「濤の音が聞こえない」「風の音が聞こえない」という文です。どちらの音も、あって当然であったのに残念だという期待はずれの思いが「も」で強調されます。

後半の文には省略されている要素があります。それはなんでしょうか。「私の耳に」という補文素です。ここでも、風の音は、「私」の耳に響く内面化された感覚です。

では、第四文です。「私」の関心は外に向けられます。

> すぐ隣に寝ている母子づれの女客が、疲れ果てた声でまた折々吐いているだけだ。

主部は「隣に寝ている母子づれの女客」です。述部が「吐いている」です。その声は「疲れ果てた声」です。それが「涛の音」と「風の音」と比較されます。ここではたらいている感覚は聴覚です。その女が「母子づれ」であり、「吐いている」という事実は同情を誘う表現になります。「私」はまだ寝ているままです。「隣に寝ている」ということから、せいぜい首をひねったくらいの視線だろうと想像できます。

第五の文です。

> 半身を起して見廻すと、室内の人は悉《ことごと》くひっそりと横になって誰一人タバコを吸ってる者もない。

ここで初めて「私」のからだの動きがあります。目覚たままでまだ寝ていた姿勢から「半身を起こして」、周囲を見回します。そうして視覚がはたらき出します。見えるのは、船室に横になった人びとの姿です。船室内の人たちは、みなひっそりとして音もさせません。

ここに書かれた「タバコを吸っている者」は見えません。「私」の観念の中にあります。目覚めたらタバコを吸うものだという常識的な観念による想像なのでしょう。それをあえて文に書くことによって、読み手は、船内でタバコを吸う人の姿やタバコの臭いまで想像を広げることになります。

以上、若山牧水の紀行文のわずか五つの文を読みました。これだけの文からでも、牧水の文学表現の特徴が読み取れます。文学作品は、ただ目に見えたものを描写して見せるものではありません。そのおもしろさは、読み手に観念を湧き起こさせて、世界のありようを広げて見せるところにあります。ただし、文学を味わうためには想像力が必要です。

文学における想像は、文に欠けている要素を補うことから始まります。文学作品の表現は簡潔です。そのために、どの文をとっても文の要素の省略があります。ですからまず、文に書かれていない要素を埋めてみます。そうすると、それまで見えなかったものが見えてきます。それが想像力です。そうして、どこまで文から読み取れるか、どこから自分の解釈となるのか、その境を明確にすることによって文学作品を正確に読むことができるのです。

04 比較・対象の読み取り
――二種類の「原因」とは

1 ニーチェの考える「原因」

『ニーチェ全集8 悦ばしき知識』（ちくま文庫）の中に「原因」について書かれた短い文章があります。わたしたちは日ごろ、「なぜ」ときかれて答えるとき、原因、理由、きっかけ、動機など、区別しないで使っています。そんな日常的なことについてニーチェが哲学的に考えているのがおもしろいので取り上げることにしました。このくらいむずかしい文章が読めるようになれば、どんな本でも自信をもって読めるようになります。

まず、引用をします。はじめにタイトルがあります。あとで四つのまとまりに区切って読むので番号だけつけておきます。

（1）混同されがちな二種の原因。――私には次のことが、私における最も本質的な進歩の一つだと思われる。つまり、私は、行動の原因そのものを、かくかくしかじかの行動の原因から、いいかえれば特定の方向をとり特定の目標をめざす行動の原因から、区別することを覚えた。（2）最初の種類の原因は、蓄積された一定量の力であり、何らかの仕方で、なんらかの目的のために消費されるの待っているものだ。これに反し、第二の種類の原因は、この力と比べればある全く些細なものであり、大抵はこの力の量がいよいよ一定の仕方で「解放」される際のきっかけをなす小さな偶然といったものだ。たとえれば火薬樽に対するマッチみたいなものだ。いわゆる「目的」のすべて、同様それにもましていわゆるもいいところである「職務」をも、私は、こうした小さな偶然やマッチの一つだと考える。（3）これらいわゆる目的とか職務とかいったものは、前述のごとくどうにかして費消されようと押し寄せる力の巨大量に比較すれば、相対的に気儘なもの、身勝手なもの、ほとんどどうでもいいものである。（4）通例ひとびとはこれを私とは違った風に解する。ひとびとは、太古からの誤謬のゆえに、とりもなおさず目標そのもの（目的とか職務とか等々）のなかに駆り立てる力を見ることに馴れている、——だがそれは指導する力にすぎないもので、この場合ひとびとは舵手と蒸気とを混同したわけである。しかもそれはいつも決まって舵手だったり指導する力だったりするわけでもない……「目標」とか「目的」とかいうものは、実にしばしば、たんなる体裁を繕うための口実、つまり、船は偶然はまり込んだ水に従うものだと言いたくない虚栄心の遅ればせの自己欺瞞、に過ぎないのではなかろうか？　船はあっちへ——進まざるをえないがゆえに、あっちへ行こうと「欲する」のだ、と言いたくない虚栄心のそれではないのか？　なるほど一つの方向をとるにはとっているが、しかしまったく——舵手はいない、ということを言いたくない虚栄心のそれではないのか？——いまもってわれわれには、「目的」概念の批判が必要なのだ。

四つの部分に分けて読みます。まず、（1）の部分です。印つけをして引用します。

（1）混同されがちな二種の原因。——私には次のことが、私における最も本質的な進歩の一つだと思われる。つまり、私は、行動の原因そのものを、かくかくしかじかの行動の原因から、いいかえれば特定の方向をとり特定の目標をめざす行動の原因から、区別することを覚えた。

「混同されがちな二種の原因」はタイトルです。「二種の原因」がテーマです。まず、「次のこと」が「私」にとって「最も本質的な進歩」なのだと強調されています。二つの原因が区別できたことです。「つまり」のあとに、その二つの項目を並べています。

第一は「行動の原因そのもの」、第二は「かくかくしかじかの行動の原因」です。

第一の原因について「そのもの」というのは、周辺の事情ではなく、中心にある「原因」のことです。それに対して、第二の原因で「かくかくしかじか」というのは、おのおのの事情という意味です。さらに、「いいかえれば」と言って「特定の方向を取り特定の目標をめざす行動」と書いて「特定の」を強調しています。ですから、さまざまな場合によって変化する個別の行動の「原因」のことです。

ここで言う「行動」とは、まず人間の行動ですが、それに限らずあらゆる事物の「動き」まで広げて考えられます。そのような議論の仕方が哲学の考え方です。そして、「私」は「行動」の二種類の原因の区別ができるようになったことを、「最も本質的な進歩」と感動的に語るのです。

2　第二段落の読み方

では、(2)段落を読みます。まず、印つけをしたものを引用します。

(2)最初の種類の原因は、蓄積された一定量の力であり、何らかの仕方で、なんらかの目的のために消費されるの待っているものだ。これに反し、第二の種類の原因は、この力と比べればある全く些細なものであり、大抵はこの力の量がいよいよ一定の仕方で「解放」される際のきっかけをなす小さな偶然といったものだ。たとえれば火薬樽に対するマッチみたいなものだ。いわゆる「目的」のすべて、同様それにもましていわゆるもいいところである。「職務」をも、私は、こうした小さな偶然やマッチの一つだと考える。

まず、二つの内の「最初の種類の原因」について述べています。それは、「蓄積された一定量の力」です。「なにが」「どこに」は不明ですが、おそらく、あらゆるものの「エネルギー」と考えられます。だとすると、ニーチェの哲学の根本的な考えに思い当たります。「力への意志」です。一般には「権力への意志」と翻訳されていますが、「権力」という言葉には人間の欲望が絡みますから、わたしは「力への意志」という言葉に言い換えています。

「これに反し」のあとから、第二の原因の性質を語ります。ただし、この二つは対立の関係ではなく、比較の対象です。その性質は、「些細なもの」「きっかけ」「偶然」と三通りに表現されます。そして、第一の原因が「火薬樽」ならば、第二の原因はそれに火をつける「マッチ」

のようなものだと説明しています。このあたりまで読むと、二つの原因の関係を一覧表にしてみようかと思い浮かびます。

3　第三部分の読み方

（3）の部分に入りましょう。印つけをして引用します。

> （3）これらいわゆる目的とか職務とかいったものは、前述のごとくどうにかして費消されようと押し寄せる力の巨大量に比較すれば、相対的に気儘なもの、身勝手なもの、ほとんどどうでもいいものである。

まず、この文の骨格を示しましょう。くくった語句はローマ字に置き換えて示します。

Aは、Bに比べれば、Cだ。

Aは「目的とか職務」、Bは「押し寄せる力の巨大量」、CはAの性質のことで、「気儘」「身勝手」「どうでもいいもの」です。そのわけは、(2)にあるとおり、「目的とか職務」は「偶然」なもので、火薬に火をつける「マッチ」のようなものだからです。

ここまでが、前半の文章です。二種類の「原因」の定義づけが語られています。これまでの比較を一覧表にします。上下の項目が対比されます。カッコに入れた数字は文の番号です。

●——二つの「原因」の比較表

	原因 その1	原因 その2
(1)	・**行動の原因そのもの(本質)**	・**おのおのの行動の原因(特定の方向・目標)**
(2)	・蓄積された一定量の力 ・火薬樽	・些細なもの ・力の量の解放のきっかけ ・小さな偶然 ・「火薬樽へのマッチ ・いわゆる「目的」、いわゆる「職務」
(3)	・押し寄せる力の巨大量	・気まま、身勝手、どうでもいいもの
(4)	・蒸気	・「駆り立てる力」=指導する力? ・蛇手

4　第四部分の読み方

それでは、後半です。（4）を文に分けて番号をつけて印つけをします。

（4）①通例ひとびとはこれを私とは違った風に解する。②ひとびとは、太古からの誤謬のゆえに、とりもなおさず目標そのもの（目的とか職務とか等々）のなかに駆り立てる力を見ることに馴れている、――③だがそれは指導する力にすぎないもので、この場合ひとびとは舵手と蒸気とを混同したわけである。④しかもそれはいつも決まって舵手だったり指導する力だったりするわけでもない……⑤「目標」とか「目的」とかいうものは、実にしばしば、たんなる体裁を繕うための口実、つまり、船は偶然はまり込んだ水に従うものだと言いたくない虚栄心の遅ればせの自己欺瞞、に過ぎないのではなかろうか？⑥船はあっちへ――進まざるをえないがゆえに、あっちへ行こうと「欲する」のだ、と言いたくない虚栄心のそれではないのか？⑦なるほど一つの方向をとるにはとっているが、しかしまったく――舵手はいない、ということを言いたくない虚栄心のそれではないのか？――⑧いまもってわれわれには、「目的」概念の批判が必要なのだ。

（4）「これ」とは、二種類の原因のちがいです。①は「人びとの解釈」です。②は「目標」あるいは「目的」「職務」という概念に対する批評です。人びとはそこに「駆り立てる力」があると考えます。しかし、それは「指導する力」にすぎないといいます。「指導」とは「指示」や「導き」です。ダレが、ダレを、ナニに、ドコへ指導するのでしょうか。もしも「蓄積された一定量の力」が人間のものであるならば、人間はなぜ行動するかという問題へとつながります。

③の「蒸気」と「舵手」という比喩は、蒸気船とその舵取りとの関係です。蒸気船は「蒸気」の力で動くのであって、「舵取り」の力ではないわけです。さらに、④の「それ」は、②の「駆り立てる力」です。それは必ずしも「指導する力」にはならないというのです。「しかもそれは――決まって……たりするわけではない」という限定つきの否定です。「たまにはあるが、必ずしもそうは言えない」ということです。

そして、⑤では、「目標」とか「目的」ということが、「体裁を繕うための口実」にされると言います。それでは、「体裁」とはどんな体裁なのでしょうか。⑥と⑦で、「体裁を繕う」という心理状態が分析されています。それはつまり、次のようなことを言いたくない、認めたくないということです。

①船は偶然、はまり込んだ水に従うものだ。

つまり、「偶然はまり込んだ水」とは、「小さな偶然」「マッチ」というような「原因」よりも力が強いのです。また、同じようなことを言っています。

②船は進まざるを得ない方向に進むものだ。

この二つを認めたくないのは、「虚栄心」なのだといいます。つまり、舵取りをする人間が、自分の力以上のものがあることを認めたくないのです。それは現代人への批判となります。舵取りとして蒸気船や水の流れを支配することができるという現代人のおごりの心への批判です。

以上、ニーチェの短い文章を読みました。しかし、そこからニーチェの根本思想である「力への意志」という考えや現代人への批判を読み取ることができました。現代人への批判として、ニーチェは「運命」や「宿命」の概念を考えていました。それにしたがって生きることこそ、むしろ人間の強さなのだと言い切っています。

ただし、この二つの概念は、わたしたちが常識的に考えているような意味ではありません。それについてニーチェの考えを知るためには、ニーチェの書いたほかの書物を開いて読む必要があります。それが、また次の読書へのスタートになります。

05 文章の展開の読み方——オルテガ「芸術の非人間化」

1 哲学書の文章の展開

哲学の本というと、哲学的な書き方というものがありそうな気がします。しかし、哲学も基本となる文章展開で書かれていることに変わりありません。「物語」、「描写」、「説明」、「論証」という四種類の文章展開のなかで「説明」と「論証」が中心になります。文学作品のような「物語」や「描写」はそう多くはありません。しかし、哲学書のなかでも、文学的な表現を生かして語る哲学者もいます。

その代表が、スペインの哲学者であるホセ・オルテガ・イ・ガセットです。ニーチェの生《せい》の哲学を継承して発展させた偉大な哲学者です。日本では、1929年に書いた『大衆の反逆』がよく知られてたくさん翻訳が出ています。これから、『オルテガ著作集3　芸術論集』（神吉敬三訳、白水社、1970）に収録された「芸術の非人間化」の一部を読みます。

2 「描写」の展開を読む

まず最初は、「描写」の展開の場面です。論文の中でも描写は使われます。小説の一場面のつもりで読んでください。それが哲学的な思考へと発展してゆくところを見ましょう。

文の順序ごとに丸数字をつけました。文は九つです。「描写」のほかに他の展開もあります。

> ①高名な男が死にかかっている。②妻がその枕もとにいる。③医者が臨終間近い男の脈をとっている。④部屋の奥にはさらに二人の人物がいる。⑤一人は、職業上の理由からこの死の場面に立ち合っている新聞記者で、もう一人は偶然に来合わせた画家である。⑥妻と医者と新聞記者と画家が、同一の事実を見守っている。⑦しかしながら、この単一の事実――一人の男の末期の苦悶――は、この四人の一人ひとりにそれぞれ異なった側面を提示するのである。⑧それはあまりにも違っているためにほとんど共通点を持っていないとさえいえるほどである。⑨悲嘆にくれる妻と、冷静にその状況を見ている画家とでは、この事実の持つ意味にあまりの違いがあり、むしろ、妻と画家は完全に異なった二つの事実に臨んでいるといったほうが、より正確とさえいえるほどである。

①から④までは、描写の展開です。一文一文ごとに写真のように並んでいます。写真の人物は、「男」「妻」「医者」「二人の人物」です。まるで絵画の分析のようです。ちなみに、オルテガは美術の分野にも関心があり、「ベラスケス論」「ゴヤ論」を書いています。

> ①高名な男が死にかかっている。
> ②妻がその枕もとにいる。
> ③医者が臨終間近い男の脈をとっている。
> ④部屋の奥にはさらに二人の人物がいる。

そして、⑤では、「二人の人物」はだれなのか、それぞれ「説明」します。

> ⑤一人は、職業上の理由からこの死の場面に立ち合っている新聞記者で、もう一人は偶然に来合わせた画家である。

また、⑥で「描写」の展開にもどります。

⑥妻と医者と新聞記者と画家が、同一の事実を見守っている。

それから、⑦⑧⑨と「説明」の展開がつづきます。⑦「しかしながら」は、逆接の接続語です。前文に書かれた「同一の事実」に対する反対の論述です。「単一の事実」と「一人の男の末期の苦悶」とは同一の関係です。

⑦しかしながら、この単一の事実――一人の男の末期の苦悶――は、この四人の一人ひとりにそれぞれ異なった側面を提示するのである。

そして、⑦に追加して⑧と⑨の「説明」の展開が続きます。「それ」とは、⑦の「異なった側面」のことです。「ために」は理由です。「だから」に置きかえられます。

⑧それはあまりにも違っているためにほとんど共通点を持っていないとさえいえるほどである。

⑨の文では、前に示した人物の内面が深められています。

⑨悲嘆にくれる妻と、冷静にその状況を見ている画家とでは、この事実の持つ意味にあまりの違いがあり、むしろ、妻と画家は完全に異なった二つの事実に臨んでいるといったほうが、より正確だとさえ言えるほどである。

「妻」の「悲嘆」、「医者」の「冷静」が対比されて、二人の「事実」は「完全に異な」るのです。以上のように短い文章のなかでも、描写の展開、説明の展開が入り混じっています。それぞれの部分に応じた読み方をすることによって、表現の奥行きが見えてきます。

3 哲学の文章の「論証」の展開

もう一つ、別の部分を読みます。こちらは「論証」の展開が中心です。段落は二つです。最初の段落の文に丸数字をつけて印つけをします。文は二つです。

（1）①新芸術がだれにでも理解しうるものでないとすれば、それはその手段が総括的に人間的なものでないことを意味している。②そうした新芸術は一般人向きではなく、一般人よりすぐれているとはいえないかもしれないが、しかし一般人とは明らかに異なっている特殊な階層向きの芸術なのである。

①は「論証」の展開です。一文で「(もし)……すれば(仮定)……である(結論)」という論理があります。「新芸術は多くの人には理解できない」ということの意味を導いています。それは、「新芸術が人間的でない」ということです。「論証」の展開で重要なのは、主部と述部です。それぞれに傍線を引いて示します。「総括的に」という修飾語は、「全体として」と言い換えて意味をつかみます。

①(もし)新芸術がだれにでも理解しうるものでないとすれば、それはその手段が総括的に人間的なものでないことを意味している。

この文を論理を軸にして要約をします。

①新芸術がだれにも理解できないのはその手段が人間的ではないからだ。

②文では、「とはいえないかもしれないが」と遠慮しながら限定的な問題を論じています。二重の山カッコのくくりを見てください。「特殊な階層」でまとめて、さらに「芸術」でまとめています。

> ②そうした新芸術は一般人向きではなく、〈〈一般人よりすぐれているとはいえないかもしれないが、しかし一般人とは明らかに異なっている特殊な階層〉向きの芸術〉なのである。

骨格文は次のようになります。

AではなくBである。

②文の主要な命題はAとBとの2つになります。

A 新芸術は一般人向きでない。

B 新芸術は特殊な階層向きの芸術である。

それでは、第二段落です。文は十あります。文の番号をつけて印つけします。

（2）①なによりもまず明確にしておかなければならないことが一つある。②それは、大多数の人びとはいったい何をさして美的快感と呼ぶのかということである。③彼らがある芸術作品、例えば、ある劇作品が「好き」だ、というとき、彼らの気持には何が起こっているのであろうか。④答えは明瞭である。⑤つまり人びとは、彼らの前に提示された人間の運命に自分の関心をひくようなドラマがあった場合に、その作品を好むのである。⑥登場人物の愛、憎しみ、悲しみ、喜びに心を動かされ、それらがあたかも現実に起こっていることであるかのように、自分もそれに参加するのである。⑦そして架空の人物を現実の生きた人間と錯覚させてくれる作品を良い作品だというのである。⑧叙情詩の場合には、彼らは詩人の背後に息づく人間の愛と苦悩を捜し求めるであろう。⑨絵画の場合には、彼らが、なんらかの意味で、いっしょに生きたらおもしろいだろうと感ずるような男女が画面に描かれている場合にのみ惹かれるであろう。⑩彼らが風景画を美しいと感ずるのは、そこに描かれている現実の風景が、行ってみたくなるような快適さとか感傷的な趣を持っているときであろう。

ここからは、一文ごとの要点をとらえてまとめます。太字をつなげると要約文になります。

①はこのあとの「説明」の前置きです。「まず」がその目印です。

①明確にすべき問題が一つある。

②「それ」とは、「美的快感」というものは何かという問題です。

②美的快感とはなにかが問題だ。

③「たとえば」と言って、「劇作品（演劇）」を取り上げます。

③作品が好きだという気持ちはなにか。

④答えは　明瞭である。

⑤から「つまり」といって、「主張」になります。「彼らの前に提示された」はどこにかかるでしょうか。「人間の運命」なのか「ドラマ」なのか。「人間の運命」と「ドラマ」とが同列になるかどうかという問題です。「ドラマが提示する人間の運命に自分の関心がある」という意味です。

⑤人びとは自分の関心をひくドラマのある作品を好む。

⑥人々がひかれるのは、登場人物の四つの感情、「愛、憎しみ、悲しみ、喜び」です。

⑥登場人物のドラマを現実の出来事のように感じて参加する。

⑦は、人びとの考えの結果をまとめています。

⑦そして、架空の人物を生きた人間と錯覚させる作品が良い作品になる。

⑧⑨⑩は、芸術作品のジャンルごとの特徴を並べています。

⑧叙事詩では詩人の背後の愛と苦悩を求める。

⑨絵画ではいっしょにいたいような男女に惹かれる。

⑩風景画の美しさは、そこに行ってみたくなるような快適さや趣によるものだ。

以上、わずか十六行の文章ですが、ていねいに読むと内容の豊かさがよく分かります。そして、オルテガの芸術観が見えてきます。

コラム 4

読書データと音声認識ソフト

読書家は「読書ノート」とか「読書カード」のかたちで読書の記録を残しているものです。

わたしの「読書カード」は、パソコンのデータベースソフト「知子の情報Pro」(テグレット技術開発)です。使い始めてもう四十年近くなります。使い勝手は、ほとんど手書きの「読書カード」そのままです。わたしは次のような項目を立てて記録をしています。

①書名、②著者名、③出版社名、④出版年月日、⑤サイズ、⑥定価、⑦分野、⑧読書期間、⑨もくじ、⑩感想

これらの項目は検索語として自動的に登録されます。さらに検索語句の追加もできます。いくつかの項目を組み合わせて本の検索ができます。わたしは五千冊ほどの本から検索をするのですが、一瞬にして必要な本を探し出せます。他にはこのようなかたちのデータベースソフトは見当たりません。

また、「読書カード」の入力には、個人ユーザー向けの音声認識ソフト「AmiVoice SP2」(2007年11月発売。アドバンスト・メディア)を使っています。音声認識ソフトというのは、文章を声に出して読みあげると、そのまま漢字仮名交じりの文章に変換するソフトです。一分間に四百字ぐらいの入力ができます。おかげでわたしは、話すのと同じ速度で文章を書くことができます。

文章を読んで入力するのは、本の読みなおしにもなりますし、話しの訓練になります。あとで、その本の話をするときにも口から言葉が出やすくなります。

この二つのソフトのうち、「知子の情報」は今でも購入可能ですが、「AmiVoice SP2」は2018年12月末に生産終了となりました。日本のように話しことばを重視しない国では、音声認識ソフトも使う人が少ないのでしょうか。とても残念です。

第4部

読書の「道具箱」

01 読書のための印つけのポイント

1 読書について全般

（1）本を読むときには、シャープペンシルか鉛筆を持って印つけと書き込みをする。消して書き直しができる。
（2）本の奥付の反対のページの上に、ヨコ書きで①買った日にち（例、19.5.4.）、②買った場所（例、新宿紀伊国屋）、③価格（例、1200円）を記入する。
（3）本を買ったら、扉の左上にヨコ書きで、①日にち（19.5.4.）、②読み始めのページ数（p15～）を記入する。
例、19.5.4.P15～
（4）印つけは、行の単位ではなく、文節の単位でつける。最大で七、八文字くらいにとどめる。
（5）黙読で理解するのがむずかしい文は、声に出してゆっくりとよむ。

●——印つけの七通りの記号

略語	記号	ポイント	解説
(1) マル	○	主語、キーワード、トキ、トコロ	マルとセンとは組になる、マルがあればセンがある
(2) セン	⌒	述語、補足語	迷ったときにはマルかセンのいず れかを引いておく
(3) シカク	□	接続語、指示語	接続助詞にもつける、理由（から、ので）、と、が……など
(4) ヤマ	〈　〉	名詞句、キーワード、観念	長めの名詞句につける、名詞のほかにもマトメ語、「こと、もの、の」など
(5) カギ	「　」	会話、発語	間接話法の文からもくくり出す、擬音語、擬態語もあり
(6) カッコ	（　）	内言、心の声、心内語	「と思う、と感じる、気がする」などが続く
(7) ナミ	〜〜〜	強調語	ない、いい、疑問語、副助詞のついた語、修体・修用文素は原則

（6）文に欠けているダイ・ドドナ・ドドナ（ダレガ・イツ・ドコデ・ドンナ・ナニヲ・ドウ・ドウスル・ナゼ）の要素は書き加える。
（7）段落中に埋もれている段落は、クランクの印で区切る。
（8）文節同士がつながらないときにはスラッシュを入れて区切る。

2　印つけの7つの記号

①マル――主部、テーマ
（1）登場人物の名前は丸で囲んで、ページの上に書き出す。
（2）できごとの主語は、◯で囲む。
（3）登場した人物と話題にされた人物とを区別する。

②セン――述部、補足文素
（1）できごと（事件）のトキ（イツ）・トコロ（ドコデ）は四角かセンをつける。
（2）否定の項目には、△を書き加える
（3）並べられた項目には、丸数字で番号をつけ加える。

③**四角**――接続語、指示語

（1）トキ（時間）の語句は四角かセンを引く。

（2）トコロ（場所、位置）の語句には四角かセンを引く。

（3）疑問詞（ダレ・イツ・ドコ・ドンナ・ナニ・ドウ・ナゼなど）は四角で囲む。

（4）指示語のコ・ソ・ア・ド（これ、それ、あれ、この、その……）は四角でくくる。

（5）接続語（しかし、だから、つまり……）は四角で囲む。

④**山カッコ**――名詞句のくくり

（1）名詞句は山カッコでくくる。

（2）文中の「の」のまとめでは山カッコをつける。

（3）山カッコのくくりには、マトメ語（とき、ところ、はず、ため）などがある。

（4）マトメの「の」には「もの、こと、ようす、人」などのいずれかになる。

（5）山カッコのくくりはモノ、コト、名詞でまとまる。

（6）山カッコのくくりの中でつながらない文節には〉をつける。

（7）何重にも重なる山カッコでは、注目レベルを一つにしぼる。

⑤カギカッコ――会話、発話

（1）人の口から出た言葉・語られた会話は、カギカッコでくくる。

（2）間接話法の部分も、カギカッコでくくる。

⑥丸カッコ――内言、心内語

（1）内言（心の中のことば）はカッコでくくる。

（2）カギカッコでも内言のときは、丸カッコに直す。

⑦**波線**――文中の強調語

（1）強調された語句には波線をつける。

（2）否定文の「…でない」には波線をつける。

3　その他の書き込み

●項目番号をつける

（1）並列された語句には、センを引いて①、②、③と数字を振る。

●ページ上の記入

（1）段落の転換には上に傍線か二重の傍線をつける。

（2）まとまる段落は上に逆向きの逆さのLと逆さのLとではさむ。先に矢印をつけてもよい。

（3）段落のなかのキーワードは「小見出し」としてページの上に書き出す。

●ページ下の記入

（1）指示語にはページの下にリンクの矢印をつける。

（2）以前の語句が再び出たらさがしてページを下に書き込む。

●考えや発想の書き込み

（1）思いついた考えを言葉にしてページの空白に書き込む。

（2）「いい」とか「すばらしい」とか、「ひどい」などのつぶやきも空白に書き込む。

02 ページへの印つけ

1 ページを見やすくする印つけ

本を読むときにはエンピツで印をつけたり書き込みをしていくと、一文ごとに内容がよく理解できます。印つけによって文の構造が見えてくるからです。

また、文中の重要な語句を拾い出して上下の空白に書き留めたり、思いついた語句を書き込んでいくと、その部分と他のページとのつながりが確認できますし、ほかの本やほかの人の考えとの関連づけができます。そして、本と本とのつながりでアイディアが広がっていきます。

本を読むときには、左右のページを広く見渡してながめることもあります。とくに、速読をする場合には、ページ全体の見通しが大切です。段落の区切りや段落と段落とのまとまりを示す印を付けておけばページごとの文章の構成が目で見られます。また、あとで本を読みなおすときにも、読みたいページをひと目で探せるようになります。

2　ページにつける印と書き込み

本に書き込みをするのをきらう人もいます。しかし、本が大切なのか、それとも本を読んで自分の身につくものが大切なのか、そこを考えてください。ページへ印つけをする目的は、ページを見ただけで、段落のまとまりや区切りが見えるようにすることです。また、文中のキーワードを書き出したり、小見出しにしたり、ページのどのあたりに何が書かれているか、その手がかりを残しておくためです。それが、目で見る「索引」となります。

それでは、ページの印つけの記号と書き込みの仕方を順に紹介しましょう。

印つけをするのは、ページの上と下の空白です。空いた空白には、思いついた考えを文章にして書き込んだってかまいません。

第一に、ページの上につける印と書き込みです。上には、段落の区切りや、段落と段落とのまとまりです。何行も傍線を引く人がいますが、重要な行の上には山形の線でまとめてしまえばわざわざ引く必要がありません。

①改段の印……………クランク（文頭では改段、文中では改行）

②話題の区切り…………——あるいは═══、逆さのＬ線

③トキ・トコロの区切り……二重線　あるいは、二重の逆さの字形のL線
④小見出しの書き出し……言葉で記入する
⑤重要な行……横の二重線、あるいは山形の線
⑥重要な内容の指摘……◎、☆、△などの書き込み

第二に、ページの下につける印と書き込みです。上には、文章に書かれた語句をそのまま書き出すのに対して、下には、ほかのページとの関係や、その部分を読んで考えたことや連想したことを自由に書き込みます。たとえば、その内容に関連する人物名、作品、言葉などです。

⑦関連ページ……たとえば、(15ぺ)追加＝前ページ参照→　後ろページ参照←
⑧表現の特徴……ひゆ、隠喩、擬態語、擬音語
⑨感想や連想……思いついた事項、連想した作品・人物、言葉

以上、次ページの図を参考にしてください。　……は文字を示しています。

認識 ← 哲学
ニーチェ
36p
16p →
ひゆ

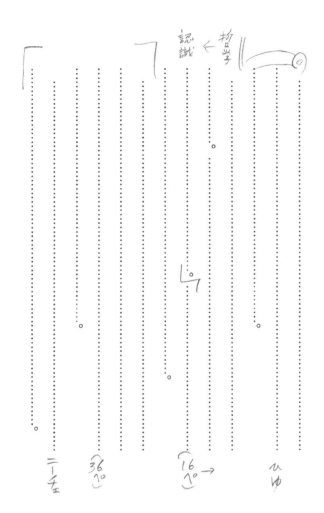

03 索引のつくり方

1 索引とはなにか?

索引をご存知ですか。本の終わりの方のページに、アイウエオ順に単語が並んでいて、「この言葉の意味を知りたい」「この言葉はどのページに出ているのだろうか」というときに、本の中から探せるようになっています。

小説や物語のような本にはつけられていませんが、専門のややむずかしい本にはつけられています。しかし、たいてい役に立ちません。その理由は二つあります。一つは、ある単語についてまんべんなくすべてのページから拾われているので、どこのページが重要なのか分からないからです。もう一つの理由は、読み手のためでなく書き手のためのものだからです。

既成の索引を活かすには、重要なページにはアンダーラインを引くとか、◯や□で囲むとよいでしょう。しかし、それよりも個人用の索引を自分で作ってしまえばいいのです。

ア	カ	サ	タ
愛 12,26	感情 15,31		

ナ	ハ	マヤ	ラワ

2　索引のつくり方

簡単な作業です。本の終わりの方にはたいてい、白紙のページがあります。1ページでも2ページでも4ページでも、空いたページに合わせて作ります。ページを四つ折りにして、アカサタナハマヤラワという行に割り当てます。

この割当は、それぞれの行の語句によって多い少ないがあります。語数の多くなるのは、ア行、カ行、サ行、ハ行、少ないのは、ヤ行、ラ行、ワ行です。本の内容によって、語句の多い少ないが変わります。各行の割当は索引に書き込みをしていくうちに調整してください。

最初から、どの語句を拾うかなどと考えずに読んでいきます。そして、途中で「これは重要な語句だ」と思ったときに、索引に語句とページを記入します。わたしの経験から言うと、二度目にその語句を読んだときに、「あっ、これは拾うべき言葉だ」と気づくものです。そのとき、最初に読んだページも思い浮かびます。まず、その語句とページを索引に記入してから、さらに最初のページを探して、そのページも記入します。ついでに、最初の語句の周辺も読み直してみたくなります。

3　索引を応用した読書法

わたしは、この索引を単純な索引として使うだけでなく、ほかの読書にも応用しています。その一つは、登場人物の多い小説を読むときです。以前に、エミール・ゾラ『居酒屋』という分厚い小説を読みました。そのときには、登場する人物があまりにもたくさんいるので、「登場人物索引」を作りました。

ある人物が登場したときに、その名前とページを索引に記します。それから、小説を読み進んでいって、次に登場したときには、名前は覚えているので索引を引いて、二度目のページを追加します。それと同時に、最初の登場ページにアンダーラインを引いておきます。すると、ページを追加するたびに、その人物の登場したページを読み直せるようになります。それを繰り返すたびに、その人物についての印象が深まります。

また、小説によっては時間の展開が軸になったものがあります。そのときには、「年月日索引」をつくります。年の変化を基準にするか、月の変化を基準にするか、日の変化を基準にするかによって記入の仕方がかわります。たとえば、年なら「2011年」、月なら「3月」、日にちなら「11日」と記入します。あとは、新しい年月日を追加していきます。

また、本からあるテーマを読み取るときにも使えます。小説の中で主人公が各地へ移動するならば、それぞれの地名を書いた「地名索引」を作るといいでしょう。ほかにも、実在の人が登場するならば「人名索引」、本の紹介がたくさんあるならば「書名索引」とか、「著者名索引」とか、重点的に読んで記録すべき項目を索引に収めていくのです。

索引つくりには、まだまだ、さまざまな応用の仕方があります。その本を読むときに、途中で「この本はこれを中心に読んだらおもしろい」と思ったときに、どんな索引を作るか考えればいいのです。「料理索引」「名言索引」など、まだまだいろいろ考えられます。

そして、本を読了するとともに索引も完成します。そのとき、自分の作り上げた索引が、本の内容の研究報告とか、本の内容紹介のメモになっています。索引つくりの読書法は、一石二鳥どころか「一石十鳥」とでも言いたくなるような豊かな実りをもたらします。

04 指と定規で本を読む

1 本への集中力

なかなか読書に集中できないという人はいますか。気を散らさずに読書をするにはどうしたらよいでしょうか。集中力を高める方法を三つ考えました。

第一に、体調に応じた読書の工夫です。健康第一です。むずかしい本は頭の調子のいいときに読みます。わたしは朝には、哲学書を読みます。昼には、文庫本や新書を持ち歩いて、電車のなかでも駅のホームで電車を待つときにも読みます。夜には夕食後に、エッセイやドキュメンタリーなどの軽い読み物を読みます。

第二に、環境にしたがった読書をすることです。書斎で読書をするような人はそうたくさんはいません。図書館に行く機会がない人もいます。本当に本が読みたいならば寸暇を惜しんで読書にいそしむことでしょう。読書は孤独の行為です。周囲の音は言語による思考を妨げます。

耳にイヤホンを入れて音楽を聞きながらでは集中できません。

第三に、読書をするときの実際の工夫です。まず、印つけをしながら読むと内容に集中できます。黙読のときには必ず音読みをすること、ときには音読をすることです。また、同じ本を続けて読まずに持ち替えて読むことです。どんなにおもしろい本でも、しばらく読んでいると、ボーッとしてきます。そのときには、別のジャンルの本に持ち替えます。

2 指で本を読む

実際の読書において集中できる方法があります。簡単なことです。読むべき文字の右脇、横書きの本ならば下に、指を添わせて読むのです。小学生のころ、指を当てる読み方を先生から教えられたことがありませんか。おそらく、おとなになってからはほとんど実行していないでしょう。けれども、読書の原点としてこれは有効な方法です。

人差し指か中指の二本をそろえて行を追いながら読むのです。指先からだいたい五文字ぐらいが見通せます。読みすすみながら少しずつ下にずらしてゆくのです。読む速度が速くなるにつれて、指をずらす速度も速くなります。

子どもは最初、一文字一文字を指で追っていますが、次には単語のまとまり、次には文節というように、指の動きの単位が変わります。この方法は、おとなでも実行する価値があります。自分の読書の速度をはかるために指を使って読んでみてください。目の動きの遅い人は、指を速く動かすことによって読書の速度を速められます。

また、左手で本のページの半分を隠すというやり方もあります。本を読みながら考えるための方法です。プロレタリア作家で『蟹工船』を書いた小林多喜二が似たような読書法をしていました。小説を読むときに、本のページを紙で覆って先が見えないようにして読んだそうです。その先にどのようなことが書かれているか見ないようにして、そのかわりに自分でその先の内容を予測して読んだのです。

3 読書定規

もう一つ、「読書定規」というものがあります。次のページに図があります。図書館では、利用者に貸し出しています。もちろん普通のプラスチックの定規を使ってもよいのですが、こちらは真ん中が透明になっていて、ちょうど一行分がそこから見えるようになっています。

これを使うと、ほかの行に目移りすることなく、一行分の文字に集中して読むことができます。指を当てたときよりも、部分的な集中力は落ちますが、より速く読むのに適しています。

読むべき行を定める位置は三通りあります。それぞれ集中の効果が微妙にちがいます。

①定規のまん中
②定規の右側
③定規の左側

じつは、わたしは「読書定規」のかわりに「しおりメモ」を使用しています。定規のようにかさばらないし、おまけにメモ用紙としても使えます。その方法については、「道具箱」「しおりメモ」を参照ください。

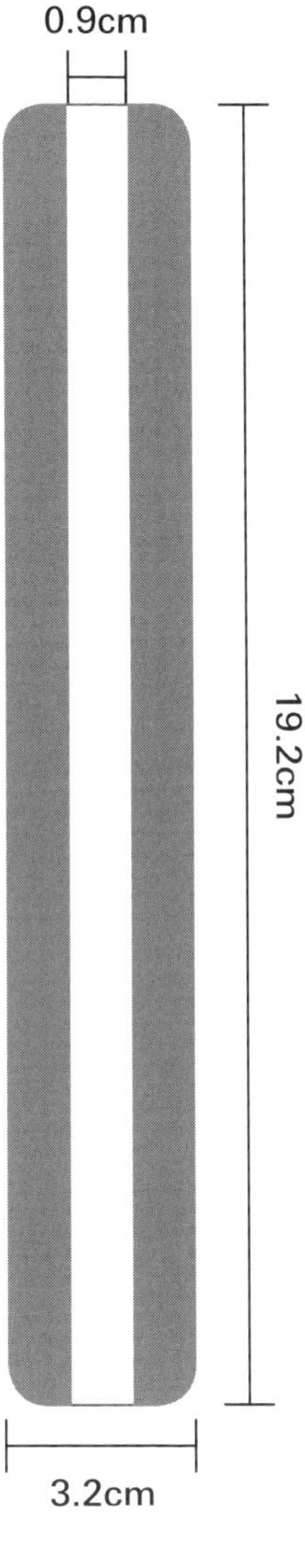

05 「しおりメモ」を使う

1 「しおり」は何枚使うか

本を読むときにしおりを使うと便利です。だれもが一枚くらいは本に挟んで使っているかと思います。もともと本についているものや書店のおまけがあります。せっかくのしおりですから、読書の役に立つものを工夫したいものです。

単行本には、糸でできたしおりがついたものがあります。使っているうちに糸の先がほつれてばらばらになることがあるので、わたしは木工用のボンドを指先でつけて糸の先をとめておきます。文庫本や新書本にはたいてい付いていませんけれど、しおりがあると便利です。しかも一枚ではなく最低三枚はあると便利です。わたしは次の三か所のページに挟んでいます。

①今読んでいるページ

②もくじのページ

③索引のページ

わたしは今読んでいるページのほかに、もくじのページに挟んでいます。そこが本全体のどのあたりなのか確かめるためです。また、体系的に読むべき本には必ず索引を作りますから、索引のページにも挟んでいます。

2 「しおりメモ」というもの

わたしは「しおりメモ」を工夫しました。単なるしおりではなく、読書記録のメモを兼ねています。図書館で借りた本を読んでいるときに思いつきました。書き込みができないので、たまたま挟んでいた二つ折りの紙にメモをはじめました。しおりの用紙でメモの工夫をしました。その用途が広がって、読書ノートも兼ねるようになりました。次のような用途があります。

①読書のしおりとして

②抜き書きのメモ用紙

③注目ページの記録用

さらに、「読書定規」の代わりにもなります。軽いのでジャマになりません。ページの角をイヌの耳のように三角に折って目印にするやり方もありますが、本がぶ厚くなるし、本を虐待しているような気がするので、わたしはしません。「しおりメモ」ならば、ページの目印だけでなく内容の記録もできます。図書館の本のように書き込みのできない場合だけではなく、自分の本を読むときの読書ノートの代わりにもなります。

3 しおりメモのかたち

用紙のサイズはA5判です。横置きにした三つ折りです。左のページからヨコ書きにして、3ページです。2ページ目を基準に、1ページか3ページを内側に折り込んで使用します。三分の一の幅になるのでジャマにならない大きさです。次ページの図をご覧ください。

一行目に書くのは、読み始めの年月日と書名です。読書の日ごとに年月日を記入します。2行目からはページの記録です。気に入った言葉とか、あとで読み返したい文とか、読書ノートに引用したいページを書きます。ページのあとの＋は、ページの初めから、－はページの終わ

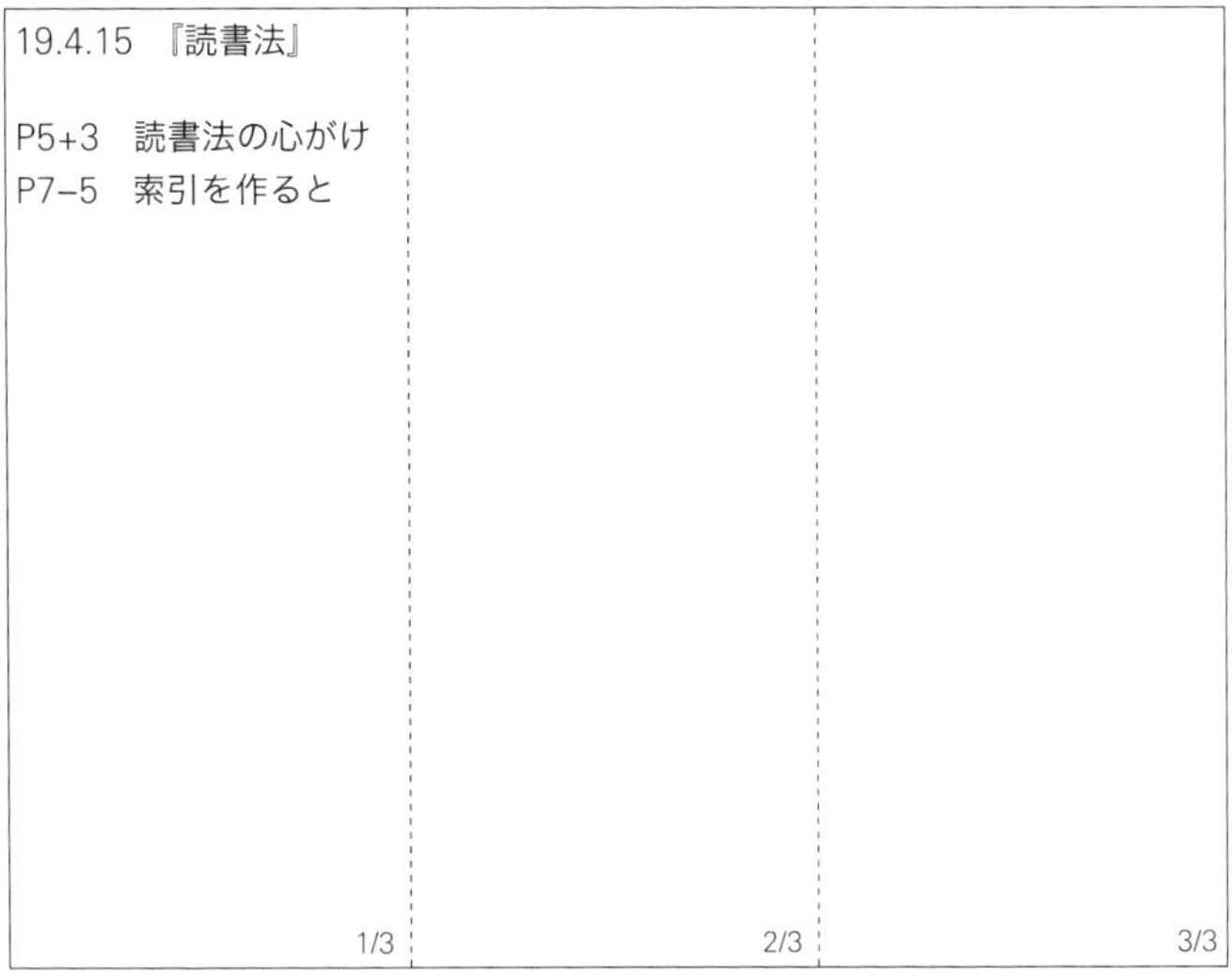

りからという意味です。引用は、文の書き出し部分の五、六文字だけを書いておきます。

引用文が短いときには、そのまま書き込みます。あとでわざわざノートに抜き書きをしなくとも、しおりメモの書き込みが記録になります。何行にもわたって引用したい文は、「読書ノート」にその全体を書き写します。しおりメモの記録があるのですぐに見つけることができます。

本を読み終えたときには、しおりメモが、そのまま読書記録になっています。巻末に貼り付けておけば、再読するときの参考資料になるし、読みたい部分だけ取り出して読むときにも便利です。

06 音読のリズム――2音ないし3音区切り

1 音読の楽しみ

おとなはほんど音読をしません。ほとんど黙読です。黙読はいわばアタマによる読書です。それに対して、音読はからだを使って心身ともに楽しめる読み方です。とくに文学作品、詩や小説や物語を読むときには実行したい読書法です。また、むずかしい文章を理解するときにも音読が有効です。少しずつ区切って声に出すと文章が理解しやすくなります。

音読をするにはコツがあります。ことばのリズムに合わせてからだを動かして読むことです。黙読の場合は、文節ごとに意味を取って読んでいきますが、音読の場合はさらに細かい区切りをします。そこからリズムが生まれます。

日本語のリズムはどのようなものか一般には知られていません。俳句や短歌の区切りから連想して、日本語は七五調だとか、五七調だとか言われています。しかし、ことばのリズムはもっと細かいものです。音楽のリズムが二拍子と三拍子であるのと同じく日本語のリズムも、2音と3音のリズムなのです。

2　2音ないし3音区切り

文の意味の最小のまとまりは文節ですが、その意味を理解するために、声を出してさらに細かく区切ります。その一区切りごとに細かいリズムが生まれてきます。それは2音ないし3音の区切りによる日本語の基本となるリズムです。

ことばのリズムも音楽のリズムと同じです。音楽の基本的なリズムは、二拍子か三拍子です。音の強弱からリズムが生まれます。二拍子でも三拍子でも、最初の拍が強くて、後が弱いのでリズムになります。リズムの本質は強弱によるものなのです。

ことばにも強弱があります。七五調の七も五も、2音ないし3音に分けられて、区切りごとの一音が強くなります。2音ならば前か後、3音ならば前か中か後です。そして、2音ないし3音ごとにまとめて発声すると歯切れのいい読み方になって、リズムあるテンポになります。

2音3音のリズムがはっきりしているのは古典文です。古典文の力強さは明確に意識された2音ないし3音の区切りにあります。たとえば、古典の「方丈記」の冒頭があります。

> 行《ゆ》く川の流れは絶えずして、しかも本《もと》の水にあらず。淀《よど》みに浮ぶ泡沫《うたかた》は、かつ消えかつ結びて、久しく止《とど》まりたるためしなし。世の中にある人と住家《すみか》と、またかくの如し。

文節の内部をさらに2音か3音ごとに、／で区切りました。それにしたがうと、リズムある読み方になります。次に区切りごとにまとめて声に出して読んでください。2音と2音の連続はやや速めに、3音はゆったりまとめて読みます。読点と／／とでは間《ま》を取ります。

ゆく／かわの／なが／れは／たえず／して、しかも／／もとの／みず／には／あらず。よど／みに／うかぶ／うた／かたは、かつ／きえ／／かつ／むす／びて、ひさ／しく／とど／まり／たる／ためし／なし。よの／なかに／ある／ひとと／すみ／かと、また／かくの／ごとし。

文字を見て区切るときに注意することがあります。2音ないし3音の区切りは文字の区切りではなく、音《おん》の区切りです。文字のなかで一音《おん》扱いをする文字があります。促音の「っ」、延ばしの「ー」、撥音の「ん」、拗音の「きゃ、きゅ、きょ、しゃ、しゅ、しょ」などです。

現代の文章でも、2音ないし3音区切りにすると、そのリズムがよく分かります。最初に原文を声に出して読んでください。それから、次に、区切りの印のついたものを読んでください。宮沢賢治『猫の事務所』の冒頭です。読点と〳〵とでは間《ま》を取ります。

軽便鉄道《けいべんてつどう》の停車場のちかくに、猫の第六事務所がありました。ここは主《おも》に、猫の歴史と地理をしらべるところでした。

けい／べん／てつ／どうの／ていしゃ／じょうの／ちか／くに、ねこの／だい／ろく／じむ／しょが／あり／ました。ここは〳〵おもに、ねこの／れき／しと／ちりを／しら／べる／ところ／でした。

2音ないし3音の区切りはコトバで考えるときのリズムです。これが身につくと、ことばの区切りごとにコトバの意味を確認しながら話せるようになります。また、朗読の訓練のときにも、2音ないし3音の区切りのリズムによって感情が表現ができます。そうして、日常生活で話しをするときにも、はきはきと歯切れよいリズムで話せるようになります。

07 接続語の論理のはたらき——十一通りの接続語

1 文と文との論理的つながり

文と文との間には必ず論理関係があります。文と文とはただ並んでいるわけではありません。そこに論理関係があるから文章としてまとまるのです。文と文の論理をとらえる手がかりが接続語です。もちろん、文と文の間にいちいち接続語がついているわけではありません。文と文との関係が明確だから省略されるのです。次のページの表をご覧ください。

十一通りの接続語に分類しました。一般の接続語の分類とちがうのは、あくまで論理の関係から分類したところです。接続詞だけを取り出したのではありません。たとえば、「なぜなら」は副詞です。

接続語は文と文との論理関係を明確にします。印つけをするときには、何よりもまず接続語を四角で囲んで読んでいくと、文と文との組み立てが見えてきます。文と文との論理関係が見

●接続語の論理的はたらき一覧表

展開	はたらき	代表例	用例
時間	①順接	すると	そして、それで、それから、そうして、こうして、そこで、……て、……（する）と
	②逆接	しかし	が、だが、ところが、けれども、でも、それでも、それなのに、……が、……くせに、……ても、……でも、……のに、……ものの
抽象	③具体化	たとえば	例をあげるなら
	④一般化	つまり	すなわち、いわば、いわゆる、要するに、言い換えれば、換言するに、結局
可能	⑤対比	それに対して	あるいは、一方、それとも、他方、ないし（は）、または、むしろ、もしくは
	⑥仮定	もし……ならば	もし……たら、たとえ……ても／でも、……なら（ば）
立論	⑦目的	……（する）ために	……（する）ように、……（する）ため
	⑧理由	なぜなら	そのわけは、というのは、なぜかというと、なぜかといえば、なぜならば
話題	⑨結論	だから	……から、したがって、それゆえに、それゆえ、で、……ので、ゆえに
	⑩追加	また	おまけに、さらに、しかも、それに、そのうえ、ただし、ちなみに、なお、まして……（ない）

えないときには、十一通りの接続語のなかから適当なものをあてはめてみると論理が見えてきます。文章の内容の展開に応じてまとめてありますそれについて簡単に説明じましょう。

(1) 時間——できごとが時間的に展開する場合の接続語です。「順接」は、できごとが順序どおり順調に進む場合です。それに対して、「逆接」は、できごとが予想とは逆に意外なことが起こる展開です。

(2) 抽象——文と文との抽象度の差です。ある文の内容が次の文で具体化される場合と一般化される場合とが論理語の組み立てになっています。「たとえば」は抽象から具体へ、「つまり」は具体から一般へと進みます。二つの文が対等に比べられるのが「対比」です。

(3) 可能——「もし……ならば」というかたちで、現実ではない状況を「仮定」します。また、未来のことについては「……するため」として「目的」とするときの関係です。「目的」は、ある行動が行われたのちに起こる結果を予想します。

(4) 立論——「論証」の展開において論の支えになるのが、「理由」と「結論」です。論の組み立ては、「○○は……である(立論)。なぜなら……である(理由)。というのは……である(根拠)。」という三段構えです。

(5) 話題――話の展開において、追加をする場合には関連する文が続きます。それに対して、転換をする場合には、話題が別の次元に移ります。

2 接続語の組み合わせによる論理

文章のなかでは、接続語は単独に使われるだけではなく、いくつかの接続語の組み合わせで論が展開されます。

とくに多く使われる二つの展開があります。一つは、ドラマ展開です。もう一つは、論の組み立ての展開です。

ドラマ展開の典型は「起承転結」です。接続語をつけて示します。

・「**○○は……した**（起）**。すると、……した**（承）**。しかし、……した**（転）**。それで／そこで……した**（結）**。**」

もう一つが、立論の組み立ての展開です。意見、理由、根拠の三段構えになっています。

・「**○○は……である**（立論）**。なぜなら……である**（理由）**。というのは、……である**（根拠）**。**」

その他にも、「たしかに……である。しかし……」というような接続語による呼応の関係もあります。読書を通じていろいろな接続語の論理関係を探してみてください。

08

短い論理語の読み方
――並列の接続語のはたらき

1　語句と語句との接続語

接続語のはたらきは二通りあります。一つは、文と文とをつなぐこと、もう一つは、語句と語句とをつなぐことです。ここでは、よく使われる語句と語句との接続語を取り上げます。

語句と語句とをつなぐときに使われる短い接続語は限られています。198ページの一覧表をご覧ください。①から⑧までが並立の接続語です。そして、①から④までは、二つの語句の「両立」、⑤から⑧はいずれか語句の「選択」です。⑨は語句の「言い換え」、⑩は語句の「追加」です。

「両立」と「選択」については、接続のレベルによって接続語の使い分けがあります。

「両立」の場合は、「及び」と「並びに」の使い方です。「及び」が下位のレベルで、「並びに」が上位のレベルです。三つ以上のものを並べていくときには、「A、B、C及びD」と、終わりの手前に「及び」を入れます。

そこにレベルのちがうものが入るときには「並びに」を使います。「みかん」と「りんご」を並べて「みかん及びりんご」です。この二つをセットにして他のものと並べるときには、「並びに」を使います。「みかん及びりんご並びにバナナ」です。山カッコでくると次のようになります。

〈みかん及びりんご〉並びにバナナ

「選択」の場合は、「又は」と「若しくは」の使い方です。「又は」が上位のレベルで、「若しくは」が下位のレベルです。同じ例で言うなら、「みかん若しくはりんご」となります。そして、「みかん若しくはりんご又はバナナ」、あるいは「バナナ又はみかん若しくはりんご」となります。これも山カッコでくくるならば次のようになります。

〈みかん若しくはりんご〉又はバナナ

もとは法律の文書で使われていましたが、他の分野でもこれにならっています。

2　語句と語句とのつなぎの例

日本国憲法における語句と語句のつなぎ方の例を見てみましょう。引用する条文は次の通り

語句と語句との論理接続一覧

用語	基本形	働き	意味と用例
①かつ	A且つB	両立	2つをつなぐ同格、動作・状態の並立や添加、「同時に」
②および	A及びB	両立	更に並べてあげる、3つ以上では最後の手前に入れる「A、B、及びC」、法令では「並びに」の下位接続（A並びにB及びC）
③ならびに	A並びにB	両立	同格、項目が3つ以上のときには「A、B、並びにC」、法令では「及び」の上位接続（A並びにB及びC）
④と	……と……	両立	日常的な使用法、2つの場合には「……と……と」
⑤あるいは	A或いはB	選択	日常的使用、「それとも、ないし（は）、むしろ、もしくは……」
⑥または	A又はB	選択	法令用語では「若しくは」の上位接続（A又はB若しくはC）
⑦もしくは	A若しくはB	選択	法令用語では「又は」の下位接続（A又はB若しくはC）
⑧か	……か……か	選択	日常的な使用法、3つ以上でも並べられる、「……か……か……か」
⑨すなわち	A即ちB	言換え	言葉の言い換えや解説、意味はほぼ同一
⑩しかも	A而もB	追加	前の事情に加えて

です。使われている接続語句には傍線を引きました。

・**憲法第15条第1項**――①公務員を選定し、及びこれを罷免することは、国民固有の権利である。

・**憲法第16条**――何人も、損害の救済、公務員の罷免、法律、命令又は規則の制定、廃止又は改正その他の事項に関し、平穏に請願する権利を有し、何人も、かかる請願をしたためにいかなる差別待遇も受けない。

・**憲法第19条**――思想及び良心の自由は、これを侵してはならない。

・**憲法第21条**――①集会、結社及び言論、出版その他一切の表現の自由は、これを保障する。②検閲は、これをしてはならない。通信の秘密は、これを侵してはならない。

・**憲法第28条**――勤労者の団結する権利及び団体交渉その他の団体行動をする権利は、これを保障する。

・**憲法第36条**――公務員による拷問及び残虐な刑罰は、絶対にこれを禁ずる。

・**憲法第38条第2項**――①何人も、自己に不利益な供述を強要されない。②強制、拷問若しくは脅迫による自白又は不当に長く抑留若しくは拘禁された後の自白は、これを証拠とすることができない。

ほとんど「及び」と「又は」ですが、第38条2項は「若しくは」「又は」の組み合わせです。

09

読書のためのカテゴリー
——文章理解のものさし

1 文章に距離をとって考える

画家は絵を書くときに、ときどき後ろへ退いて自分の描いた絵を遠くからながめます。読書でも、あまりにも本のなかへ入り込んでしまったとき、距離をとって本の中身を考える必要があります。そのときに有効なのが、読書のためのカテゴリーです。今読んでいる内容について反対側からながめ直すことができます。

文章を理解するとき、書かれていないことを対照すると、逆に書かれていることが見えてきます。その基準となるワク組みがあります。英語では「カテゴリー」、日本語では「範疇《はんちゅう》」と言います。型のことです。考え方の「方」にも通じます。カテゴリーは対立語の組み合わせです。文章の書き方を知ることによって内容がつかめます。つまり、本に書かれた内容に対して距離をおいて見るための足場のようなものです。

2 カテゴリーの性質

主なものを取り上げて四つに分類して次のページの表にしました。少し解説を加えます。

①時間――空間……どんなできごとにも、必ず「時間」と「空間」という場があります。トキ、トコロという対立です。文章では、「イツ、ドコデ」に答える要素です。

②形式――内容……「かたち」と「なかみ」です。モノ・コトについて「形式」と「内容」に分けて考えますが、実は一体のものです。「型から入って型を出る」「型破り」「型崩れ」「型無し」などはこの対立の表現です。

③量――質…………何かものを生産する仕事をしたとき、その成果について数量から考えるのは「量」、それぞれの品物のでき具合を考えるのが「質」です。

④具体――抽象……同系列の言葉を比較すると、「具体」は意味が狭く、「抽象」は意味がより広いものです。「動物」は「イヌ」よりも抽象的、「イヌ」は「動物」よりも具体的です。

⑤個別――一般……一つ一つのモノ・コトのことを「個別」といいます。そして、それらをまとめることが「一般」です。何かの問題を論じるときに、個別論と一般論とがあります。

⑥特殊――普遍……自分のすることが、自分に限られる時には「特殊」と言います。ほかの人にも通じるようであるなら「普遍」です。

⑦特別――一般……個人の事情はそれぞれ「特別」なものです。ほかの人たちにも通用するなら「一般」です。「私」は常に「特別」で、「みんな」は「一般」です。

⑧狭義――広義……コトバの意味を考えたり、定義をするときには不可欠です。意味の狭さと広さです。「抽象」と「具体」とにも関係します。

⑨単数――複数……日本語では、一つかそれ以上か、とくに問題にしません。しかし、英語などでは「単数」と「複数」が問われます。「個別」と「一般」とつながります。

⑩全体――部分……何かについて考えるとき、「部分」について論じているのか、あるいは、「全体」について論じているのかという区別があります。議論の展開でも、どちらが先かが問題になります。

⑪表――裏……あらゆるモノ・コトには、「裏表」があります。平らな紙のような対象についての表現です。「内―外」にも共通します。それが「主観―客観」にもつながります。

⑫外面――内面……人の意識について考えるときには、外と内という

●――文章理解のカテゴリー

おおもと			ひろがり					かたち					できごと		
①時間―空間	②形式―内容	③量―質	④具体―抽象	⑤個別―一般	⑥特殊―普遍	⑦特別―一般	⑧狭義―広義	⑨単数―複数	⑩全体―部分	⑪表―裏	⑫外面―内面	⑬上―下	⑭本質―現象	⑮原因―結果	⑯目的―手段

区別が生じます。その考えかたからは、「主観―客観」「意見―事実」という系列が見えます。
⑬**上――下**……価値評価には上下があります。「高低」も評価のカテゴリーです。物理的な言葉が、考えについての評価へと応用される好例です。
⑭**本質――現象**……モノ・コトには中心となる「本質」があって、それが「現象」として現われるという考えです。「本質」が「原因」、「結果」が「現象」だという見方もあります。
⑮**原因――結果**……ある出来事が起こると、それを「結果」と考えて「原因」を考えます。しかし、できごとにはさまざまな要素があります。特定の「原因」を定めるのは困難です。
⑯**目的――手段**……行動や行為をするとき目指す究極にあるのが、「目的」です。そして、そこに至る途上にあるものが「手段」です。
思想の展開の基礎にはカテゴリーの対立があります。段落のまとまりや展開の背景には、カテゴリーが音楽演奏で言う「通奏低音」のように響いています。本を読んでいるとき、メロディーを聞くだけでなく、通奏低音まで聞き取れるようになると、本の理解が深まります。

10 コトバとコトバを考える
――六通りの相互関係

1 単語で考えるために

人間はコトバを使って考えます。まず、単語の意味を考えます。それから単語と単語とを関係づけることによって、主部と述部とが関係づけられて文として組み立てられます。文の基礎には、単語と単語との関係があります。

コトバとコトバとの関係は次の図のように六通りになります。選択による関係と系列による関係との二つに分けられます。

2 六通りのコトバの関係

論理学では文は「判断」を表します。それを「命題」と言います。次の三つの文は「AはBである」という名詞述語文ですが、それぞれの論理的な意味にはちがいがあります。

●——コトバとコトバの関係＝六通り

分類	種類	説明	用例
選択関係	①イコール（同一）	二語の意味が同一、同義語、指示語と指示物	夏目漱石とネコの作者、日本一高い山と富士山
	②含む含まれる（包含）	広義のコトバが狭義のコトバを包含する	動物（広）とネコ（狭）、果物（広）とミカン（狭）
	③一部重なる（部分）	二語が互いに相手の一部の意味を包含	男と喫煙者、ずるい人とおとな、
系列関係	④並立（並列）	二語が同じ類に属する、同類語・類義語	ノートとエンピツ（学用品）、茶碗と皿（食器）
	⑤対立（反対）	反対語、対義語、共通基盤と中間項がある	右と左、上と下、男と女
	⑥あれかこれか（矛盾）	二つのいずれかを選択、二つに一つ、二分法	ウラとオモテ、オンとオフ

それぞれ、表の①②③の関係のどれに当たるでしょうか。

a　夏目漱石は「吾輩は猫である」の作者である。
b　日本はアジアの国である。
c　山田くんは学生である。

a　夏目漱石と「猫」の作者は同一である。（①イコール）
b　日本はアジアの国に含まれる。（②含む含まれる）
c　山田くんは学生の一人である。（③一部重なる）

それに対して、④⑤⑥の関係は、二つのコトバが系列的にまとまります。「ネコ」から「イヌ」を連想するのは「④並立」です。上位の言葉である「ペット」と関係づけられます。しかし、「ネコ」と「イヌ」を「人気のペット」としてくると「⑤対立」とも考えられます。

コトバとコトバが対立させられるときには、次の二つの前提条件が

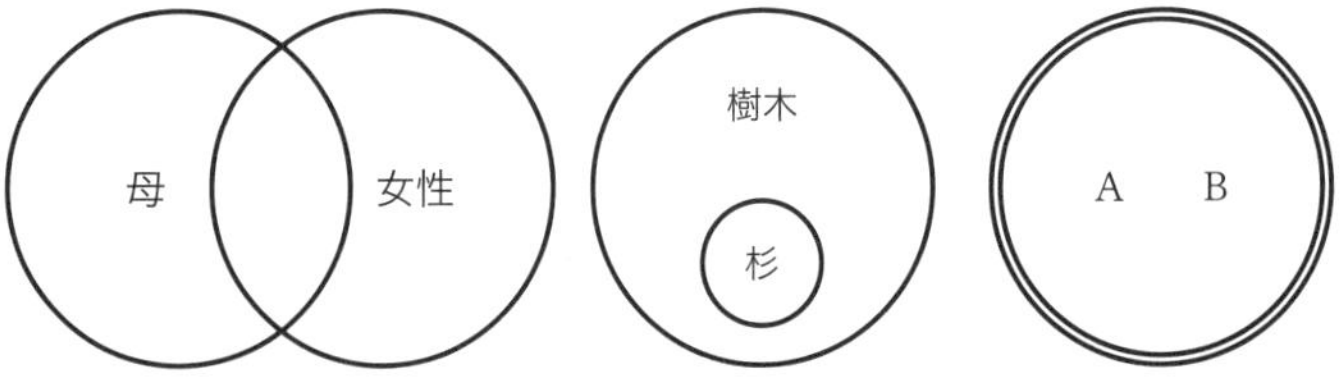

①同一　②包含　③部分

あります。

(1) 共通基盤――同類のコトバが比較される

(2) 中間項――二つに一つではなく中間がある

よく「黒か白か」などと言われますが、二つには分けられません。中間の「灰色」もあります。「黒」と「白」との対立の共通基盤は「色」です。そして、「灰色」が中間項です。それに対して、「あれかこれか」と二つに分けられる関係が「⑥矛盾」です。電気のスイッチの「オン」と「オフ」がそれです。電気は点いているか点いていないかいずれかしかありません。中国の故事から、世界一の「矛」と「盾」とが両立しないという論理でした。

モノ・コトの対立が問題になるときに考えるべきことは、「対立」なのか「矛盾」なのかです。「好き」と「きらい」の「対立」の中間はいろいろです。単純な論理で割り切れない文章で表現されます。

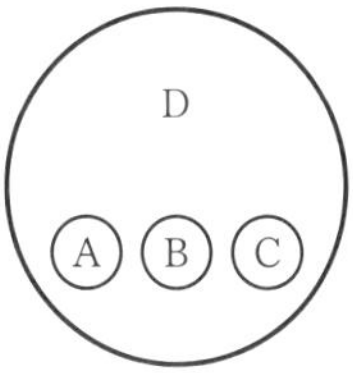

④並立（A.B.C）

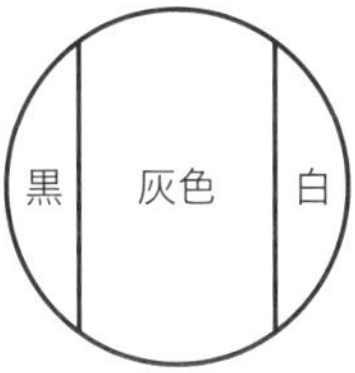

⑤対立

⑥矛盾

11 読書の速度を測定する

1 読書の方法と速度

速読が流行っています。しかし、自分の読書の速度について自覚している人はいるのでしょうか。速度を競う場合には黙読です。音読をすると速く読めないと思われますが、はたして黙読と音読の速さのちがいはどのくらいあるのでしょうか。また、黙読と音読とでは、内容の理解にどのようなちがいがあるのでしょうか。

黙読と音読とを問わずに、文章の全体を読むという読み方は次の四通りになります。①と②は黙読です。③と④は音読です。

①目《め》読み（黙読）
②音《おん》読み（黙読）

③早口読み（音読）

④理解読み（音読）

あなたは、どの読み方をしていますか。それぞれの読み方の速さにはどのくらいのちがいがあると思いますか。まず、四つの読み方のちがいを簡単に解説しておきます。

①は、一行ずつねらいを定めて一文字一文字指を当てて確実に見ていきます。文字の音韻《おんいん》は思い浮かべなくてもかまいません。しかし、実際には、ところどころで音韻が自然に思い浮かぶようになります。

②は①よりも時間のかかる読み方です。一文字一文字を指でたどりながら、アタマの中に文字ごとの音韻《おんいん》を思い浮かべながら読みます。うっかりすると、目で意味がわかる語句については、音韻を思い浮かべずに通り過ぎてしまいます。

③は、小声でかまいませんから、正確にすべての文字の音韻《おんいん》を口に出しながら読みます。実際に声に出しますから、人が聞いてもわかるような正確な発声や発音を目指します。仕事の上で読み合わせをしたり、自分の書いた文章をだれかに確認してもらうときに使います。

④は十分な時間が必要な読み方です。むずかしい文章を読むときには、無意識にやっている

読み方です。声に出して読みながら、しかも一語一句の意味が自分に分かることを確認しながら読みます。途中で意味が追いかけられなくなったら、そこで止まって考えをまとめます。それからまた続きを読むようにしてください

2 読書の速度を測定する

あなたの読書の速度を測定しませんか。四通りの読み方で速度を比較しましょう。

音読について注意しておきます。「早口音読」では、どんなに早く読んでも声が目について行けません。指を当てて、指の動きと声とを一致させます。速く読めるようになったら指の動きも速めていきます。

「理解音読」では、文の意味が飲み込める速さまで読みの速度を落して読みます。かなりゆっくりになります。日ごろ、ほとんど意味を考えずに文章を読み流していることがわかるでしょう。音読の目標は「早口音読」の速さと「理解音読」の意味の理解を一致させることです。

では、ストップウォッチを用意してください。夏目漱石『坊っちゃん』の冒頭を読みます。四通りの読み方で読んでそれぞれの時間を測定して記録してください。

親譲りの無鉄砲で小供の時から損ばかりしている。小学校に居る時分学校の二階から飛び降りて一週間ほど腰《こし》を抜《ぬ》かした事がある。なぜそんな無闇《むやみ》をしたと聞く人があるかも知れぬ。別段深い理由でもない。新築の二階から首を出していたら、同級生の一人が冗談《じょうだん》に、いくら威張《いば》っても、そこから飛び降りる事は出来まい。弱虫やーい。と囃《はや》したからである。小使《こづかい》に負ぶさって帰って来た時、おやじが大きな眼《め》をして二階ぐらいから飛び降りて腰を抜かす奴《やつ》があるかと云《い》ったから、この次は抜かさずに飛んで見せますと答えた。

どのくらい時間に差がありましたか。「理解音読」の読み方の基本は、文節ごとに2音ないし3音の区切りで読む読み方です。(第4部6項を参照)さて、私が四通りで読んだ結果、およその時間は次の通りです。

①目《め》読み――15秒
②音《おん》読み――25秒
③早口読み――30秒
④理解読み――55秒

12 読書能力とはなにか——読書能力のレベル

1 読書能力とは何か

読書能力とは何でしょうか。世間の流行は、速読と多読ですから、速く大量に読める能力が読書能力だと思われています。しかし、それは量の問題です。読書の質についても考える必要があります。最も能率がいいのは、「一を聞いて十を知る」という読書です。一冊の本を読むうちにどれだけたくさんのことが考えられるか問題にしましょう。

読書能力というものは一生かかって向上するものです。一冊読むごとに向上します。昔読んだ本を読み返すと、新しい発見があるのは、それだけ自分の読書能力が上がったということです。前よりも速く読めるとか、最後まで読み通せるようになったとか、いい文章が分かるということまで含まれます。しかも、読書能力が高まると、結果として速読の力がつきます。

2　読書能力の一覧表

かつて、岩波新書には執筆の基準というものがあったそうです。高校卒業生を対象にして、読めるくらいのレベルということです。現在では、岩波ジュニア新書というものがあって、これは、中学生から一般の大人まで対象にした書き方を基準にしているようです。

そのような基準から、読書の力と本の読み方や本の種類について一覧表を作成しました。次のページの「読書能力の一覧表」をご覧ください。初級、中級、上級、名人、という四段階に分けました。その段階のちがいについて説明をしておきましょう。

(1) 初級――本が読めるようになる小学生のレベルです。音読から始まります。まず、文字を一文字一文字読む段階から進んで、単語のまとまり、文節の区切りなど理解していきます。それから、文の意味がつかめるようになります。本の種類では、挿絵の入っている絵本や児童書、また、その内容は物語や伝記や詩や童話などです。

(2) 中級――中学生レベルです。より広い世界に関心が広がります。読んで理解できる漢字も増えてきますから漢語の知識も増えてきます。また、黙読することができるようになるので、読書の速度は早まります。そして、文の意味を理解するだけではなく、文と文との論理関係も

●読書能力の一覧表

レベル	年齢	形式	本の種類	内容
初級	小学生	文字（ひらがな、片仮名）、単語、／文節／文、（音読）	絵本／児童書	物語、伝記、詩、童話、民話
中級	中学生	単語（漢語）／文／論理（黙読の完成）	文庫／ジュニア新書、コバルト文庫、ビギナーズクラシック	伝記、小説、歴史、俳句、短歌
上級	高校生 大学生 一般社会人	分析／比較／対照（黙読・音読併用）	文庫（岩波、角川）、新書／単行本	科学、小説、戯曲、大衆小説
名人	専門家 読書人	総合（表現よみの完成）	シリーズ／叢書／著作集／全集／厳選、テーマ選択	哲学、思想、心理学、歴史、文学

考えられるようになります。読む本は、文字ばかりの文庫や新書が読めるようになります。本の内容では、物語から小説へとすすんで、歴史や科学にも関心を持つようになります。

(3) 上級——高校生、大学生から一般社会人まで広く対象にしています。この段階では読書能力に大きな差が生まれます。読書のやり方しだいで、レベルの低い人とレベルの高い人との差が大きくなります。文庫や新書でも、科学や哲学や歴史などについて書かれたものを読むようになります。社会的な関心から大衆小説やドキュメンタリーなどにも広がるでしょう。そろそろ、自分の関心ある分野や好みの作家などが出てくるでしょう。しかし、読み慣れることによって、もうほとんど音読の世界を味わうことがなくなります。そのために、速読によって文学作品の読み方まで情報収集のようになる危険があります。

(4) 名人——読書の名人はいます。「何でもいいから読む」という多読の段階から、好みの作家や好みの分野に集中していきます。読んだ本の内容を深く掘り下げて考えられる段階です。しかも、広く関心をもっていろいろな本を読み比べたり、いろいろな考えを比較できるようになります。好きな作家の文学全集を読んだり、テーマでまとめられた著作集をまとめて読むような読書段階です。ここまでくると、自分で文章も書けるような力がついています。そして、ごく少量の書物から深い内容を取り出して自分の世界を広げていきます。

あとがき

わたしは、小学校、中学校、高校、大学と、ずっと本を読んできましたが、読書について本格的に学んだのは、日本コトバの会においてでした。そのとき、それまでの常識的な読書法が根本からくつがえりました。日本コトバの会とは、コトバについて根本から学ぶ会です。コトバ勉強の分野は、「話す・聞く」「読む・書く」という四分野です。読書法は、コトバ勉強の実践の一部でした。

わたしが大学を出てから最初に出席した部会は「文章教室」でした。文集『あゆみ』の共同助言をしていました。わたしは文章を読むことにはそれなりに自信がありました。大学ではゼミに参加して専門書を読んで発表をしてきました。自分は相当に文章が読めると思っていました。また、たくさんの本を読んだという自負もありました。だから、短いエッセイなどはさっと読めば意味がわかると思っていました。

ところが、文章教室では、一文一文を書き手が声に出して読みあげて、途中で止めては参加者同士が、その表現と内容について事細かに話し合うのです。どこの文がねじれているとか、語句の選び方がまずいとか指摘します。そのとき、自分がいかに雑に文章を読んできたのか気がつきました。それは衝撃でした。

それまでわたしが実行していた本の読み方は、いわば試験問題を解くための能率的な読書法だったのです。もちろん、「通読」に重点を置いた読書法です。しかも、そんな読み方で読んできた本の数を誇って自慢する気持ちもありました。

会長の大久保忠利先生の前で、何と何と何の本を読みましたと軽はずみに語って、「ああ、そう」と軽くあしらわれました。あとになってその意味に気がつきました。また、例会で発表したときには、「話していることが全然わからない」と言って中止させられたこともあります。

また、文学作品を声に出して表現する「表現よみの会」では、作品の解釈を語ると、「それなら、それを声に表現してごらん」と言われて、いざ読んでみると自分の解釈がまるで声にならないことを痛感させられました。

日本コトバの会で学んだ最も基本的なことは、コトバはコミュニケーションの手段にとどまらず、人間の思考力そのものを形成するということでした。そのために工夫されて、さまざまな技術的な方法は「話す・聞く」「読む・書く」というすべてのことばの活動に生かされていました。

わたしがこの本に書こうとしたのは、日本コトバの会での50年近い学習のなかで学んで実践してきたことの集大成です。人知られずに行われている独自の学習法を世に知らせることでした。さまざまな方法が実行されています。印つけよみ、索引つくり、本への書き込み、理解読み、学習会の方法などすべて、日本コトバの会の長い歴史のなかで生み出された「道具」です。

日本コトバの会は昭和二十七年に創立され、現在も活動中です。部会・研究会は八つ、表現よみの会、話し方教室、文章教室、小説の会、ユーモア学会、日本文法学会、言語心理部会、コトバ総合研究会、さらに、東京の周辺には、八つの支部があり、毎月定期的に学習会を開いています。

最後になりましたが、本書の企画から割付などお世話くださった芸術新聞社の山田竜也さんと、図表の作成にお骨折りくださったデザイナーの美柑和俊さんと滝澤彩佳さんとに心からお礼を申し上げます。

二〇一九年五月二十三日

渡辺知明

参考にした文献

『読書について』ショーペンハウアー著（鈴木芳子訳）光文社　2013年
『奔放な読書』ダニエル・ペナック著（浜名優美・木村宣子・浜名エレーヌ訳）藤原書店　1993年
『本を読む本』M・J・アドラー／C・V・ドーレン著（槇未知子・外山滋比古訳）講談社学術文庫　1997年
『読んでいない本について堂々と語る方法』ピエール・バイヤール著（大浦康介訳）筑摩書房　2008年
『現代読書法』田中菊雄著　講談社学術文庫　1987年
『「知」のソフトウェア』立花隆著　講談社現代新書　1984年
『知的トレーニングの技術　完全独習版』花村太郎著　ちくま学芸文庫　2015年
『コトバ学習事典』日本コトバの会編　一光社　1990年
『コトバの力・伝え合いの力』下川浩著　えむ出版企画　2009年
『朗読の教科書』渡辺知明著　パンローリング社　2012年
『文章添削の教科書』渡辺知明著　芸術新聞社　2015年

引用文献

『随筆　女ひと』室生犀星　新潮文庫　1955年
『芸術とは何か』スザンヌ・K・ランガー（池上保太・矢野萬里訳）岩波新書　1967年
『［新訳版］一九八四年』ジョージ・オーウェル（高橋和久訳）早川書房　2009年
『若山牧水随筆集』若山牧水　講談社文芸文庫　2000年
『ニーチェ全集8　悦ばしき知識』ニーチェ（信太正三訳）筑摩書房　1993年
『オルテガ著作集3　芸術論集』ホセ・オルテガ・イ・ガセット（神吉敬三訳）白水社　1998年

追体験……53
通読……13
デカルト……35
添削……84.100.105
電子書籍……20.37
動詞述語文……77
討論……92
読者……30
読書……18.35
読書会……20.58
読書カード……89
読書術……22
読書定規……182
読書速度……210
読書道……23
読書能力……40.42.52.212
読書法……12.22.42
読書論……22.32
トルストイ……28

な行

2音ないし3音区切り……96.189
日本国憲法……114
日本コトバの会……58
ニュースピーク……124
ニーチェ……144
「猫の事務所」……191
「の」……136

は行

早口読み……51.209
判断……76
表紙……38
「描写」……107.110.155
拾い読み……51.209
複文……79.80.81
フレーズ……138
文……34.68
文学……53.134
文型……78
文章……40
文章展開……106.107.108.154
文節……68.95.97
文素……70
文の成分……72
「方丈記」……189
「坊っちゃん」……210
本……36
本の種類……42.46
翻訳本……100

ま行

まえがき……38
味読……13
室生犀星……94
名詞述語文……77.204
目読み（めよみ）……50.208
目次……39
黙読……48.50.52
「物語」……107.109

や行

「雪国」……66
ゆっくり……88
指……181
要約……84

ら行

ランガー……56.58.101
理解読み……51.209
リズム……96.118.188
朗読……53
「論証」……107.111.158
論理……103
論理語……196.198
ローレンツ（コンラート）……56

わ行

「吾輩は猫である」……109
若山牧水……134

索引

あ行

アクセント……98
朝の読書……20.51
あとがき……38
「一九八四年」……124
一期一会……27.29
一読総合法……14
イメージ……51
エミール・ファゲ……88
エンターテインメント……24
奥付……39
オルテガ……56.154
音韻表象……52
音読……48.51.97.188.189
「女ひと」……94
音読み（おんよみ）……50.208

か行

解説……39
係り受け……70
書き込み……170.173
学校文法……45
カテゴリー……32.200
「硝子戸の中」……69
川端康成……66
考え……34
「感動享受」……44.45
くさび……69.139
首……69.139
「熊野奈智山」……134
芸術作品……101.105
形容詞述語文……77
原因……144
口頭解釈……49
声……97
小声読み……51
骨格文……67.83
コトバとコトバの関係……204
コトバの網……30.32
小林多喜二……182
娯楽……24

さ行

索引……140
索引つくり……176
「山月記」……83
三読法……13
しおり……184
しおりメモ……185.186
「思考推進」……44.46
「実践応用」……44.46
実用……24
重複文……79.81
重文……79.81
「情報収集」……44.45
食事……25.27
書物……30.112
ジョージ・オーウェル……124
印つけ……166.172
精読……13.16
世代……93
接続語……192
「説明」……107.110
想像力……140.143
速読……15

た行

ダイ・ドドナ・ドドナ……19.62.65.66
対立……206
太宰治……28
立花隆……17
多読……15
田中菊雄……112
単位文……76
単語……204
単文……79.81
遅読……15
注釈……40
著者……30

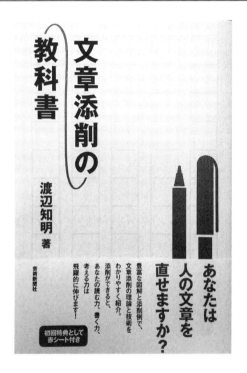

著者経歴

渡辺知明（わたなべ・ともあき）

コトバ表現研究者。1952年、群馬県桐生市生まれ。法政大学卒業後、日本コトバの会に入会、以来、「読む・書く」「話す・聞く」の実践研究と実技指導を続ける。現在、コトバ表現研究所所長、日本コトバの会講師・事務局長、表現よみオーの会代表。

主著＝『表現よみとは何か—朗読で楽しむ文学の世界』（明治図書 1995年）、『朗読の教科書—豊かな日本語表現の技術』（パンローリング社 2012年）、『文章添削の教科書』（芸術新聞社 2015年）、『声を鍛える』（芸術新聞社 2017年）

▼渡辺知明ホームページ
http://www.ne.jp/asahi/kotoba/tomo/

読書の教科書

2019年6月20日　初版第1刷発行

著者 ——— 渡辺知明
発行者 ——— 相澤正夫
発行所 ——— 芸術新聞社
〒101-0052
東京都千代田区神田小川町2-3-12 神田小川町ビル
TEL　03-5280-9081（販売課）
FAX　03-5280-9088
URL　http://www.gei-shin.co.jp

印刷・製本 ——— シナノ印刷
デザイン ——— 美柑和俊＋滝澤彩佳（MIKAN-DESIGN）

ISBN 978-4-87586-563-6 C0095